# Premiers
# Poèmes

## About the Author

Ruth Plaut Weinreb received her Ph.D. in French from Columbia University. She teaches French at the State University of New York at Stony Brook and has previously taught at Harvard University, the French School at Middlebury College, and Buckingham Browne and Nichols School. Dr. Weinreb has taught courses on French language and literature, civilization, phonetics, and business. Her publications include the textbooks *Visions et révisions* and *Façons de voir*, and a biography, *Eagle in a Gauze Cage: Louise d'Epinay femme de lettres*, as well as numerous articles. She was awarded a Scholar in Residence at the Bellagio (Italy) Study Center by the Rockefeller Foundation.

# Premiers Poèmes

*Anthologie avec exercices de vocabulaire,
de grammaire et de prononciation*

*R u t h   P l a u t   W e i n r e b*

National Textbook Company
*a division of* NTC/CONTEMPORARY PUBLISHING GROUP
Lincolnwood, Illinois USA

The author wishes to thank Michèle Shockey and Arlette Conklin for their useful suggestions, Keith Fry and Jim Harmon for their interest in this project, and Elizabeth Millán for her able assistance.

Publisher: Steve VanThournout
Editorial Director: Cindy Krejcsi
Executive Editor: Mary Jane Maples
Editor: Elizabeth Millán
Director, World Languages Publishing: Keith Fry
Art Director: Ophelia M. Chambliss
Cover and interior design: Annette Spadoni
Cover illustration: Steven Mach
Production Manager: Margo Goia
Production Coordinator: Denise M. Duffy

ISBN: 0-8442-1282-2

Published by National Textbook Company,
a division of NTC/Contemporary Publishing Group,
4255 West Touhy Avenue,
Lincolnwood (Chicago), Illinois 60646-1975 U.S.A.

Library of Congress Catalog Card Number: 97-69974

890 V P 0 9 8 7 6 5 4 3 2 1

# Acknowledgments

Grateful ackowledgment is given authors, heirs, agents, agencies, and publishers for permission to reprint or reproduce the following copyrighted material. Every effort has been made to determine copyright owners. In the case of any omissions, the publisher will be happy to make suitable ackowledgment in future editions.

Paul Géraldy, "Dualisme," from *Toi et moi*. Editions Stock.

Elalogué Epanya Yondo, "Dors mon enfant" in *Kamerun! Kamerun!* Présence Africaine 1960.

Anna de Noailles, "La Paix du soir." © Librairie Arthème Fayard.

Malick Fall, "Composition" in *Reliefs*. Présence Africaine 1964.

Paul Fort, "Ronde," from *Ballades françaises*. Flammarion.

Léon Laleau, "Trahison," from *Anthologie de la nouvelle poésie nègre et malgache de langue française,* edited by Léopold-Sédar Senghor. Presses Universitaires de France.

Léon Gondran Damas, "Savoir-vivre" in *Pigments*. Présence Africaine 1962.

Aliette Audra, "Unsaid." Editions Subervie.

David Diop, "Les Heures" in *Coups de Pilon*. Présence Africaine 1973.

Gilles Vigneault, "Gens du Pays," from *Chemin Faisant (Cent et une chansons)*. Editions le Vent qui Vire, 1990.

Marie Savard, "La Neige chaude," from *Chansons et poèmes*. Editions Triptyque, 1992.

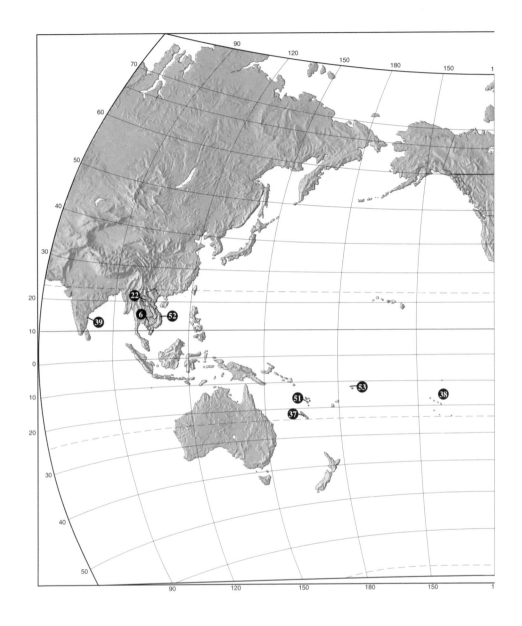

# Le Monde francophone

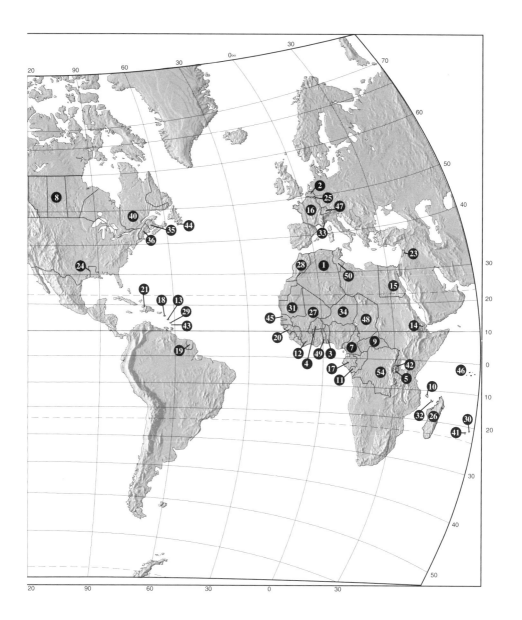

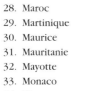

# Table des matières

# Table des matières, *suite*

# Introduction

The poems in this small volume, simple in their content and form, were chosen to appeal to students of every age, from adolescence onward, at beginning and intermediate levels of French study. The collection is drawn primarily from poets of the nineteenth and twentieth centuries and also includes authors from the Middle Ages on. The writers include men and women from France and francophone countries, including Belgium, Cameroun, Canada, Guyana, Haiti, and Senegal. Because of the level of difficulty, some great poets have been omitted or appear only in the appendix.

Poems are loosely grouped according to subject or tone: whimsy, love, nature, individualism, and poetry itself. Instructors may, of course, wish to change the order of presentation and adapt the texts to their specific needs. The level of language varies somewhat; difficult words within each poem are glossed. Several selections may be read for purposes of comparison, for example, Desbordes's "Les Roses de Saadi" with Prévert's "Pour toi mon amour," or Reverdy's "Son de cloche" with Noailles's "La Paix du soir."

The pieces lend themselves to a number of learning objectives and tasks. Most of them are short and simple enough for memorization and the repetition and recitation indispensable for perfecting pronunciation. The questions and exercises accompanying each poem reinforce important elements of the French language outside the usual context of the grammar book. Simple questions check basic comprehension of the poem and lead students to express their opinions orally or in writing. Vocabulary lists related to the poem are developed thematically and are reinforced by brief vocabulary exercises. A special section deals with *faux amis*, false cognates. Grammar exercises generally focus on a point of form or usage related to the poem. They emphasize structures and expressions used in everyday speech. Teachers might wish to introduce, in a preliminary way, points of grammar not yet covered in class, or they may prefer to omit them. Each pronunciation section concentrates on a single sound. Symbols of the International Phonetic Alphabet are introduced in order to emphasize the difference between French and English sounds; examples from English provide a reference for students whose ear or speech organs resist unfamiliar sounds. Commonly mispronounced words are labeled by the pun *mots maudits* and special sections are devoted to them.

A few phrases and a minimum of technical terms needed for discussion of the poems appear at the beginning of the book. This is not intended for teaching *explication de texte* or the history of literature or for providing comprehensive study of grammar. The primary objective is to offer students and teachers a means of developing competence and confidence in French that is both enjoyable and intellectually rewarding.

*Ruth Plaut Weinreb*

# Préparation

Les phrases et le vocabulaire suivants seront utiles pour la discussion en classe.

A. **Questions**

| | |
|---|---|
| Quel est le **sujet principal**° du poème? | main |
| Quelle est l'**idée**° la plus importante? | idea |
| **Qu'est-ce que cela veut dire?**° | What does that mean? |
| **De quoi s'agit-il?**° | What is it about? |
| Comprenez-vous? | |
| Quelle est l'**orthographe**° de «vers»? | spelling |
| Quels sont les mots écrits en lettres **majuscules**°? | capitals |
| Pourquoi n'y a-t-il pas de ponctuation? | |
| Où peut-on ajouter une **virgule**° ou un **point**°? | comma/period |
| Quelle est la **strophe**° la plus touchante? | stanza |
| Quel **vers**° **exprime**° la mélancolie? | line/expresses |
| Comment le **rythme** augmente-t-il l'émotion? | |
| Quelle est la **rime** dominante? | |
| Quel **symbole** exprime l'amour? | |
| Quels **sons**° sont répétés? | sounds |
| Combien de **syllabes** y a-t-il dans le dernier vers? | |
| Quelles **comparaisons** vous **frappent**° le plus? | strike |
| Quel est le **sens**° du **titre**°? | meaning/title |
| Qui parmi vous connaît bien la **poésie**° française? | poetry |
| **Comment dit-on**° «symbol» en français? | how do you say |

## B. Commandes

**Apprenez** le poème par cœur°.                                    memorize
**Lisez** à haute voix° la première strophe.                        aloud
**Prononcez** toutes les voyelles° nasales.                         vowels
**Trouvez** une autre expression convenable°.                       appropriate
**Comparez** le ton° de la première et de                           tone
la deuxième strophes.
**Employez**° ces verbes dans une phrase°.                          use/sentence
**Etudiez** l'emploi des images.
**Remarquez**° le changement de rythme.                             notice
**Décrivez** le sentiment du poète.
**Choisissez** le mot qui convient le mieux.
**Trouvez** un synonyme pour ces mots.
**Traduisez**° le titre.                                            translate
**Epelez**° le premier mot.                                         spell
**Relevez**° tous les adjectifs dans la dernière strophe.           point out

# La Fourmi

## Robert Desnos
### (1900–1945)

| | |
|---|---|
| Une fourmi° de dix-huit mètres | ant |
| Avec un chapeau sur la tête, | |
| Ça n'existe pas, ça n'existe pas. | |
| Une fourmi traînant° un char° | pulling/wagon |
| Plein de pingouins° et de canards°, | penguins/ducks |
| Ça n'existe pas, ça n'existe pas. | |
| Une fourmi parlant français | |
| Parlant latin et javanais, | |
| Ça n'existe pas, ça n'existe pas. | |
| Eh! Pourquoi pas? | |

*Poète et journaliste, membre de la Résistance pendant la Deuxième Guerre mondiale, Desnos meurt dans un camp de concentration. Il appartient au mouvement surréaliste. Les répétitions de mots et de rythmes se rencontrent fréquemment dans ses poèmes souvent fantaisistes.*

*Chantefables et Chantefleurs*/Contes et poèmes de tourjours, Robert Desnos, © Librairie Gründ, Paris

## Questions

Répondez à chaque question par une phrase complète.

1. En quelle saison voit-on les fourmis?
2. Que font les fourmis?
3. Nommez des animaux qu'on rencontre dans les recits mythologiques, les fables ou les bandes dessinées (*comic strips*) ainsi que leurs traits principaux.
4. Quel est le meilleur animal domestique (*pet*)? Pourquoi? Affection, protection?

## Vocabulaire

### Les vêtements

| | | |
|---|---|---|
| l' | **anorak** (m) | parka |
| le | **chandail** | sweater |
| le | **chapeau** | hat |
| la | **chaussette** | sock |
| la | **chaussure** | shoe |
| la | **chemise** | blouse |
| les | **collants** *(m)* | tights |
| le | **complet** | suit |
| l' | **imperméable** *(m)* | raincoat |
| la | **jupe** | skirt |
| le | **maillot** | bathing suit |
| le | **manteau** | coat |
| le | **pantalon** | trousers, pants |
| la | **robe** | dress |
| la | **veste** | jacket |
| les | **vêtements** *(m)* | clothing |
| | **coudre** | to sew |
| | **enlever** | to take off |
| | **faire sa toilette***  | to get washed |
| | **s'habiller** | to get dressed |
| | **mettre** | to put on |
| | **porter** | to wear |

## Exercices

A.  Utilisez le vocabulaire de cette leçon pour compléter chaque phrase.

1.  Il faut mettre _____ avant de mettre les chaussures.

2.  Le matin je _____ avant de déjeuner.

3.  Quand il pleut on porte _____ .

4.  J'achète _____ pour aller à la plage.

*Many French words that resemble English words have entirely different meanings. These words, false cognates, are called *faux amis*. They are indicated by an asterisk throughout the book.

5. Au bureau mon père porte _____ et ma mère porte _____ .

6. Moi, je ne porte jamais de _____ .

7. Ma grand-mère sait _____ . Elle remplace les boutons sur mon _____ .

8. S'il fait très froid on peut mettre _____ et _____ et _____ .

B. Les expressions suivantes utilisent **ça**, forme familière de **cela**. Justifiez l'emploi de chaque expression par une phrase de votre choix que vous mettez avant ou après suivant le cas.

| | | |
|---|---|---|
| 1. | **Ça** m'est égal. | I don't care. It's all the same to me. |
| 2. | **Ça** ne fait rien. | That doesn't matter. It's all right. |
| 3. | **Ça** alors! | Well! |
| 4. | **Ça** suffit. | That's enough. |
| 5. | **Ça** va? Comme ci comme **ça**. | How are you? So-so. |
| 6. | **Ça** vaut la peine. | It's worth it. |
| 7. | **Ça** y est? (fam) | Finished? Do you get it? |
| 8. | Qu'est-ce que c'est que **ça?** | What is that? |

C. Complétez la phrase avec les noms de **tous** les pays appropriés.

| | | | |
|---|---|---|---|
| 1. | On parle français | en Angleterre | en Belgique |
| 2. | On parle allemand | au Canada | en Chine |
| 3. | On parle arabe | au Brésil | au Japon |
| 4. | On parle anglais | en Suisse | au Mexique |
| 5. | Les Polonais habitent | en Espagne | en Suède |
| 6. | On parle hébreu | en Autriche | en Colombie |
| 7. | L'italien se parle | au Sénégal | en Pologne |
| 8. | L'espagnol se parle | en Russie | en Israël |
| 9. | Les Japonais habitent | en Allemagne | en Inde |
| 10. | Les Suédois sont | en Algérie | en Egypte |

## Prononciation

Prononcez chaque mot suivant en faisant attention au son [**a**] comme dans le mot anglais *father.*

1. p**a**s
2. **a**vec
3. m**oi**
4. ç**a**
5. f**e**mme
6. fréqu**e**mment

# Comptines

1.
—J'ai mangé un œuf
La moitié° d'un bœuf,                                half
Quatre-vingts moutons
Autant de chapons°;                                capons
J'ai bu° la rivière,                                drank
Et j'ai encore faim!
—Monsieur de Saint-Laurent,
Vous êtes un gourmand°.                        glutton

2.
En allant chercher mon pain
Je rencontre trois lapins,
Je les mets dans mon panier°,                basket
Ils me boivent tout mon lait;
Je les mets dans mon placard°,             cupboard
Ils me mangent tout mon lard;
Je les mets au coin du feu,
Ils me font trois petits œufs,
     Bleu, blanc, rouge.

3.
Pan pan pan°                                        bang
Maman est à Caen.
J'ai mangé deux œufs,
La tête à deux bœufs,
Cent livres de pain
Et j'ai encore° faim.                              still

4.
C'est demain dimanche
La fête° à ma tante                                birthday
Qui balaie° sa chambre                          is sweeping
Avec sa robe blanche;
Elle trouve une orange,
Elle l'épluche°, la mange.                        peels
Oh! la grande gourmande°!                     glutton

5.

Sur le Pont-Neuf Henri IV°  
Toute la nuit toujours galope;  
Ça va bien quand il fait beau,  
Mais quand il tombe de la pluie  
Il n'a pas de parapluie°,  
Il est trempé jusqu'aux os°.

1553–1610; roi de France (1589–1610)

umbrella  
soaked to the bone

6.

Sur la route de Châtillon°  
J'ai rencontré un petit cochon°.  
Je le mets dans mon mouchoir,  
Il a trop froid;  
Je le mets dans mon chapeau,  
Il a trop chaud.

name of several towns, e.g.,Châtillon-sur-Seine/pig

7.

C'est demain jeudi  
La fête° à mon mari  
Qui balaie° son écurie°  
Avec une botte° de radis°.  
Il trouve une souris°,  
Il lui dit: Petite amie,  
Va donc voir au Paradis  
Si j'y suis°.

birthday  
sweeps/stable  
bunch/radishes  
mouse

If I am there

8.

C'est demain jeudi  
La fête aux souris;  
Elles vont à Dijon,  
Dijon est trop petit;  
Elles vont à Paris,  
Paris est trop grand;  
Elles vont à Bordeaux  
Et se noient° dans l'eau.

drown

*Le mot* comptine *vient du verbe* compter. *Les comptines sont de petites chansons enfantines, transmises oralement, servant parfois à désigner à qui sera attribué un rôle dans les jeux.*

## Questions

Répondez à chaque question par une phrase complète.

1. Trouvez tous les mots relatifs à la nourriture.
2. Nommez les animaux différents qui se trouvent dans ces rimes.
3. Cherchez sur une carte de France les villes de Dijon, Bordeaux, Paris et Caen.
4. Dans quelles comptines remarquez-vous particulièrement les rimes?

## Vocabulaire

### La nourriture

| | | |
|---|---|---|
| l' | alimentation (f) | food |
| le | beurre | butter |
| la | cuisine | food, kitchen |
| la | farine | flour |
| le | fromage | cheese |
| le | fruit | fruit |
| les | fruits de mer* (m) | seafood |
| le | gâteau | cake |
| le | goûter | snack |
| le | légume | vegetable |
| la | nourriture | food |
| l' | œuf (m) | egg |
| le | pain | bread |
| le | poisson | fish |
| le | poivre | pepper |
| le | repas | meal |
| le | sel | salt |
| le | sucre | sugar |
| la | viande | meat |
| | cuire | to cook |
| | déjeuner | to have lunch, to lunch |
| | dîner | to have dinner, to dine |
| | goûter | to taste |
| | jeûner | to fast |
| | manger | to eat |
| | aigre | sour |
| | cru | raw |

| | |
|---|---|
| **cuit** | cooked |
| **délicieux, délicieuse** | delicious |
| **doux, douce** | sweet |
| **frais, fraîche** | fresh |
| **mûr** | ripe |

## Exercices

A. Répondez à chaque question par une phrase complète.

1. Que mangez-vous quand vous avez faim?
2. Avec quoi fait-on un gâteau?
3. Que préférez-vous: du fromage ou du sucre? Pourquoi?
4. Quel est votre repas idéal?
5. Qui fait la cuisine chez vous?

B. Complétez chaque phrase avec le présent de l'indicatif du verbe entre parenthèses.

1. Je _____ faim. (avoir)
2. Vous _____ un gourmand. (être)
3. Elle _____ l'orange. (manger)
4. Ça _____ bien quand il fait beau. (aller)
5. Ils _____ trois petits œufs. (faire)
6. Ils _____ tout mon lait. (boire)

## Prononciation

Prononcez chaque mot suivant en faisant attention au son [i] comme dans le mot anglais *beef*.

| | | | |
|---|---|---|---|
| 1. ici | 2. qui | 3. Yves | 4. innocent |
| 5. inutile | 6. i grec | 7. radis | 8. mari |
| 9. ami | 10. dimanche | 11. Paris | |

# Le Thé

## Théodore de Banville
### *(1823–1891)*

| | |
|---|---|
| Miss Ellen, versez°-moi le Thé | pour |
| Dans la belle tasse° chinoise, | cup |
| Où des poissons d'or° cherchent noise° | golden/pick a quarrel |
| Au monstre rose épouvanté°. | frightened |
| | |
| J'aime la folle cruauté° | cruelty |
| Des chimères° qu'on apprivoise°: | monsters/tame |
| Miss Ellen, versez-moi le Thé | |
| Dans la belle tasse chinoise. | |
| | |
| Là sous un ciel rouge irrité, | |
| Une dame fière° et sournoise° | proud/sly |
| Montre en ses longs yeux de turquoise | |
| L'extase et la naïveté: | |
| Miss Ellen, versez-moi le Thé. | |

*Banville attache une grande importance à la rime et s'occupe
beaucoup de technique poétique.*

## Questions

Répondez à chaque question par une phrase complète.

1. Nommez trois sujets peints sur la tasse de thé.
2. De quelle couleur sont les poissons?
3. Nommez les émotions mentionnées dans le poème.
4. Pourquoi aime-t-on cette tasse?
5. Quels sont les sons rimés? Avec quelle alternance?

## Vocabulaire

### Les boissons

| | | |
|---|---|---|
| l' | alcool (m) | alcohol |
| l' | apéritif (m) | aperitif |
| la | bière | beer |
| le | café | coffee |
| le | cidre | cider |
| l' | eau (f) | water |
| le | jus | juice |
| le | lait | milk |
| le | thé | tea |
| la | tisane | herb tea |
| le | vin | wine |
| | avaler | to swallow |
| | avoir soif | to be thirsty |
| | boire | to drink |
| | consommer | to consume |
| | potable | drinkable |
| | sain | healthy |

## Exercices

A. Remplissez chaque blanc avec un mot différent qui convient.

1. Aimes-tu le _____ d'orange?

2. Quand j'ai _____ je bois de l'eau.

3. Si vous buvez du _____ le soir pourrez-vous dormir?

4. Mon père _____ du vin rouge avec la viande rouge.

5. L'enfant ne veut pas _____ ce médicament.

6. Ne bois pas cette eau, elle n'est pas _____ .

7. En France, on prend _____ avant le dîner.

B. Employez l'article défini (**le**, **la**, **les**) ou partitif (**du**, **de la**, **d'**, **des**) dans chaque phrase suivante.

1. Je prends _____ crème dans mon café.

2. Tu mets beaucoup _____ sucre dans ton thé.

3. Donnez-moi _____ lait, s'il vous plaît.

4. Mon frère n'aime pas _____ vin.

5. Ne mettez pas trop _____ eau dans la tasse.

6. Ma tante aime _____ jus de fruits.

## Prononciation

Prononcez chaque mot suivant en faisant attention au son [e] comme dans le mot anglais late.

| | | |
|---|---|---|
| 1. thé | 2. **et** | 3. mes |
| 4. a**vez** | 5. pi**ed** | 6. étudi**er** |

# Les Roses de Saadi°

Persian poet of the 13th century

## Marceline Desbordes-Valmore
### (1786–1859)

J'ai voulu ce matin te rapporter des roses;
Mais j'en avais tant pris dans mes
    ceintures° closes

sashes

Que les nœuds° trop serrés° n'ont pu les
    contenir.

knots/tight

Les nœuds ont éclaté°. Les roses envolées°

burst open/blew away

Dans le vent, à la mer s'en sont toutes allées.
Elles ont suivi l'eau pour ne plus revenir;

La vague en a paru rouge et comme
    enflammée.
Ce soir, ma robe encore en est tout
    embaumée°. . .

fragrant

Respires-en° sur moi l'odorant souvenir.

inhale (the scent)

*Marceline Desbordes-Valmore écrit souvent des poèmes dans lesquels se mêlent la nature et l'amour.*

## Questions

Répondez à chaque question par une phrase complète.

1. Est-ce une femme ou un homme qui parle?
2. Pourquoi ne peut-elle pas rapporter des roses?
3. Pourquoi est-ce que la vague en a «paru rouge»?
4. A quel moment du jour est-ce que le poème commence? se termine?
5. Qu'est-ce qu'elle offre pour substituer aux roses?

## Vocabulaire

### La couleur

| | |
|---|---|
| **blanc, blanche** | white |
| **bleu, bleue** | blue |
| **brun, brune** | brown |
| **clair, claire** | light |
| **foncé, foncée** | dark |
| **gris, grise** | gray |
| **jaune** | yellow |
| **noir, noire** | black |
| **rouge** | red |
| **roux, rousse** | red-haired |
| **vert, verte** | green |
| **vif, vive** | bright |

## Exercices

A.  Associez un nom et une couleur. Faites une phrase avec les deux mots.

| | | |
|---|---|---|
| 1. | banane | blanc |
| 2. | cheveux | jaune |
| 3. | herbe | bleu |
| 4. | neige | noir |
| 5. | nuit | rouge |
| 6. | charbon | vert |
| 7. | cerise | roux |
| 8. | ciel | gris |

B.  Choisissez dans la liste le pronom objet direct correct pour compléter chaque phrase.

1.  J'ai voulu _____ rapporter des roses.                              la

2.  Les nœuds n'ont pu _____ contenir.                               en

3.  J' _____ avais pris dans mes ceintures closes.                   l'

4.  Respires _____ sur moi l'odorant souvenir.                       le

5.  J'aime beaucoup ce poème. Est-ce que tu _____ aimes?             te

                                                                          les


## Prononciation

Prononcez chaque mot suivant en faisant attention au son [ø]. Ce son n'existe pas en anglais.

1.  deux              2.  nœuds             3.  jeu
4.  Europe            5.  adieu             6.  monsieur

# Dualisme

## Paul Géraldy
### *(1885–1983)*

Chérie, explique°-moi pourquoi
tu dis: «MON piano, MES roses»,
et: «TES livres, TON chien». . . pourquoi
je t'entends déclarer parfois:
«c'est avec MON ARGENT À MOI
que je veux acheter ces choses.»
Ce qui m'appartient° t'appartient!
Pourquoi ces mots qui nous opposent:
le tien, le mien, le mien, le tien?
Si tu m'aimais tout à fait° bien,
tu dirais: «LES livres, LE chien»
et: «NOS roses.»

                                              explain

        belongs

        entirely

*Géraldy est poète et dramaturge; son sujet principal est l'amour.*

## Questions

Répondez à chaque question par une phrase complète.

1. Quels sont les mots écrits en lettres majuscules? Pourquoi?
2. Qui sont les deux personnes représentées par le titre «Dualisme»?
3. Quels objets sont nommés dans le poème?
4. Quelles possessions sont les plus précieuses pour la femme? Pourquoi?
5. Comment l'amoureux exprime-t-il sa générosité?

# Vocabulaire

## L'argent

| | | |
|---|---|---|
| l' | **argent** (m) | money |
| la | **banque** | bank |
| la | **carte de crédit** | credit card |
| le | **D.A.B.** | A.T.M. (automated teller machine) |
| | **(distributeur automatique de billets)** | |
| l' | **euro** (m) | euro (name of European currency) |
| la | **monnaie** | currency, change |
| le | **prix** | price |
| le | **revenue*** | income |
| | **acheter** | to buy |
| | **coûter** | to cost |
| | **dépenser** | to spend |
| | **emprunter** | to borrow |
| | **épargner** | to save |
| | **partager** | to share |
| | **bon marché** | inexpensive |
| | **cher, chère** | expensive |
| | **fauché** (fam) | broke |
| | **généreux, généreuse** | generous |

# Exercices

A.  Formez des phrases complétes à l'aide des mots suivants.

1.  dépenser / argent / fauché
2.  emprunter / souvent / généreux
3.  partager / ami / prix
4.  acheter / chercher / bon marché
5.  monnaie / l'Union Européenne / euro
6.  besoin / argent / D.A.B.

B.  Remplacez l'adjectif possessif par le pronom possessif (**le mien, le tien,** etc.) correspondant dans les phrases suivantes.

1.  J'aime beaucoup mon piano.
2.  Mon mari partage ses possessions.
3.  Nos amis vont se marier.
4.  Je veux avoir ma propre chambre.
5.  Nous aimons beaucoup leur chien.

## Prononciation

Prononcez les mots suivants en faisant attention au son [o] comme dans le mot anglais *boat.*

| | | |
|---|---|---|
| 1.  rose | 2.  choses | 3.  nos |
| 4.  mot | 5.  opposent | 6.  chaud |
| 7.  beau | 8.  faut | 9.  aux |

# Pour toi mon amour

## Jacques Prévert

*(1900–1977)*

Je suis allé au marché aux oiseaux
    Et j'ai acheté des oiseaux
        Pour toi
        mon amour
Je suis allé au marché aux fleurs
    Et j'ai acheté des fleurs
        Pour toi
        mon amour
Je suis allé au marché à la ferraille°          scrap iron
    Et j'ai acheté des chaînes
        De lourdes chaînes
          Pour toi
          mon amour
Et puis je suis allé au marché aux esclaves°    slaves
      Et je t'ai cherchée
    Mais je ne t'ai pas trouvée
        mon amour

*Prévert, né à Paris, est le poète de la vie quotidienne et de l'amour,
qu'il décrit avec humeur et tendresse.*

Jacques Prévert, *Paroles,* © Éditions Gallimard

## Questions

Répondez à chaque question par une phrase complète.

1. Dans quels endroits est-ce que le poète a cherché son amour?
2. Quels cadeaux a-t-il achetés?
3. Pourquoi a-t-il acheté des chaînes?

4. Pourquoi n'a-t-il pas trouvé son amour au marché?

5. Comment devinons-nous (*guess*) que la personne aimée n'existe pas?

6. Quel cadeau préférez-vous, un oiseau ou des fleurs? Pourquoi?

7. Quels sont des cadeaux qu'on donne à une personne aimée?

## Vocabulaire

### Le marché

| la | caisse | cash register |
|----|--------|---------------|
| le | client | customer |
| la | course | errand |
| le | magasin | store |
| le | marché | market |
| le | prix | price |
| le | vendeur | salesman |
| la | vendeuse | saleswoman |
|    | acheter | to buy |
|    | dépenser | to spend |
|    | payer | to pay |
|    | vendre | to sell |
|    | bon marché | inexpensive |
|    | cher, chère | expensive |

## Exercices

A. Faites des phrases complètes à l'aide des mots suivants.

1. client / payer / caisse

2. vendeur / montrer / choses

3. magasin / prix / cher

4. dépenser / beaucoup / hier

5. fermer / magasin / parce que

B.  Mettez au passé composé les verbes entre parenthèses.

1.  Hier je _____ 200 francs.
    (dépenser)

2.  Je _____ beaucoup de courses.
    (faire)

3.  Au marché je _____ ma sœur.
    (voir)

4.  Nous _____ le marché ensemble.
    (finir)

5.  Nous _____ quelques difficultés à trouver des fleurs.
    (avoir)

6.  Les marchands _____ beaucoup d'articles étrangers.
    (vendre)

7.  L'année dernière les prix _____ .
    (augmenter)

8.  Hier après-midi je _____ à la banque.
    (aller)


## Prononciation

Prononcez les mots suivants en faisant la **liaison**, c'est-à-dire en liant la consonne finale d'un mot à la voyelle du début du mot suivant.

1.  je suis allé        2.  le marché aux oiseaux        3.  aux Etats-Unis
4.  vous avez          5.  chez elles                   6.  les enfants
7.  comprend-il?       8.  tout à fait

# Dors mon enfant

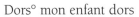

## Elalongué Epanya Yondo

*(né en 1930)*

Dors° mon enfant dors          sleep
Quand tu dors
Tu es beau
Comme un oranger fleuri°.         flowering orange tree

Dors mon enfant dors
Dors comme
La mer haute
Caressée par les clapotis°        lapping (of water)
De la brise
Qui vient mourir en woua-woua°    (onomatopoeia; sound
Au pied de la plage° sablonneuse°.     of the water )
                                     beach/sandy

Dors mon enfant dors
Dors mon beau bébé noir
Comme la promesse
D'une nuit de lune
Au regard de l'Aube°           dawn
Qui naît° sur ton sommeil.       is born

Dors mon enfant dors
Tu es si beau
Quand tu dors
Mon beau bébé noir dors.

*Né au Cameroun, Yondo a fait des études de sciences sociales et de droit.*

# Questions

Répondez à chaque question par une phrase complète.

1. Pourquoi y a-t-il beaucop de répétitions dans une berceuse *(lullaby)*?
2. Quel mot est répété? Trouvez ce mot du début à la fin du poème.
3. Pouvez-vous imaginer pourquoi le bébé est comparé à un oranger fleuri?
4. Dans la troisième strophe comment comprenez-vous ces éléments: «la promesse d'une nuit de lune/Au regard de l'Aube qui naît sur ton sommeil»?

# Vocabulaire

## La famille

| | | |
|---|---|---|
| le | cousin | male cousin |
| la | cousine | female cousin |
| la | famille | family |
| la | femme | wife, woman |
| la | fille | daughter, girl |
| la | petite-fille | granddaughter |
| le | fils | son |
| le | petit-fils | grandson |
| le | frère | brother |
| le | mari | husband |
| la | mère | mother |
| la | grand-mère | grandmother |
| le | neveu | nephew |
| la | nièce | niece |
| l' | oncle *(m)* | uncle |
| le | parent | relative, parent |
| le | père | father |
| le | grand-père | grandfather |
| la | sœur | sister |
| la | tante | aunt |
| | élever (des enfants) | to raise (children) |
| | épouser | to marry |
| | gâter | to spoil |
| | se marier avec | to marry |

| | |
|---|---|
| **aîné(e)**[†] | older, eldest |
| **benjamin**[†] | youngest |
| **bien élevé** | well brought-up |
| **cadet, cadette**[†] | younger |
| **unique**[†] | only |

## Exercices

A. Complétez les phrases suivantes en utilisant le vocabulaire de cette leçon.

1. La sœur de mon père est
2. La mère de ma mère est
3. Les fils de ma tante sont
4. Le mari de ma mère est
5. Le frère de mon frère est
6. La fille de mon père est
7. La nièce de mon père est

B. Choisissez la forme correcte et substituez l'adjectif possessif à l'article.

1. l'enfant (mon/ma/mes)
2. le regard (ton/ta/tes)
3. les enfants (leur/leurs)
4. le sommeil (ton/ta/tes)
5. la fille (mon/ma/mes)
6. le pied (son/sa/ses)
7. la promesse (son/sa/ses)

[†] Ces mots s'emploient comme **nom** avec l'article.

C. Donnez l'équivalent masculin de chacun des mots suivants.

1. femme
2. fille
3. tante
4. sœur
5. cousine
6. nièce

## Prononciation

Prononcez chaque mot suivant en faisant attention au son [ɔ] comme dans le mot anglais *up*.

1. dors
2. comme
3. oranger
4. promesse
5. sommeil
6. votre

# Se voir le plus. . .

## Alfred de Musset
### *(1810–1857)*

Se voir le plus possible et s'aimer seulement,
Sans ruse et sans détours, sans honte° ni mensonge°,     shame/lies
Sans qu'un désir nous trompe°, ou qu'un                   deceives
   remords nous ronge°,                     torments
Vivre à deux et donner son cœur à tout moment;

Respecter sa pensée aussi loin qu'on y plonge°,          plunges
Faire de son amour un jour au lieu d'un songe,
Et dans cette clarté respirer librement,
—Ainsi respirait Laure[†] et chantait son amant.

Vous dont chaque pas° touche à la grâce suprême,         step
C'est vous, la tête en fleurs, qu'on croirait sans souci,
C'est vous qui me disiez° qu'il faut aimer ainsi.         were telling me
Et c'est moi, vieil enfant du doute et du blasphème
Qui vous écoute, et pense et vous réponds ceci:
Oui, l'on vit° autrement, mais c'est ainsi qu'on aime.    live

*Poète et dramaturge romantique célèbre, Musset parle de l'amour et de la souffrance.*

[†]Beloved by the Italian poet Petrarch (1304–1374), who invented the sonnet form.

## Questions

Répondez à chaque question par une phrase complète.

1.  Deux voix, *vous* et *moi*, expriment le point de vue du poète et de la personne aimée dans ce poème. Lequel veut «donner son cœur à tout moment»?
2.  Lequel se dit «vieil enfant du doute»?
3.  Le dernier vers distingue entre la vie et l'amour. Quelle est cette distinction?
4.  La forme poétique appelée sonnet a 14 vers de douze syllabes chacun. Notez les rimes à la fin de chaque vers dans les quatres strophes de ce sonnet.

## Vocabulaire

### La santé

| | | |
|---|---|---|
| le | cœur | heart |
| le | corps | body |
| l' | esprit *(m)* | mind |
| la | fièvre | fever |
| la | gorge | throat |
| la | maladie | disease, sickness |
| le | médecin | doctor |
| la | mort | death |
| les | poumons *(m)* | lungs |
| le | rhume | cold |
| le | sang | blood |
| la | santé | health |
| la | vie | life |
| | avoir bonne/ mauvaise mine | to look well/unwell |
| | avoir mal à la gorge/à la tête | to have a sore throat/headache |
| | dormir | to sleep |
| | éternuer | to sneeze |
| | être en bonne/ mauvaise forme | to be in good/bad shape |
| | guérir | to cure |

| | |
|---|---|
| **mourir** (p.p. **mort**) | to die |
| **naître** (p.p. **né**) | to be born |
| **respirer** | to breathe |
| **soigner** | to take care of |
| **tousser** | to cough |
| **vivre** (p.p. **vécu**) | to live |
| **contagieux,**<br>    **contagieuse** | contagious |
| **fatigué** | tired |
| **malade** | sick |
| **reposé** | rested |
| **sain, saine** | healthy |

## Exercices

A.  Choisissez le mot correct pour compléter chaque phrase.

1.  Quand je suis malade je vais chez le _____ .

2.  Les cigarettes sont mauvaises pour les _____ .

3.  Pour mener une vie _____ , il faut faire de l'exercice physique.

4.  Si vous voulez _____ vite reposez-vous.

5.  A cause de sa _____ il doit se coucher.

6.  Jacqueline a très bonne _____ aujourd'hui.

7.  Ce rhume me fait _____ et éternuer.

8.  Enfin le vieillard est _____ d'une longe maladie.

9.  Le _____ est essentiel pour vivre.

10.  Si tu as mal à la _____ tu peux boire une tisane.

B.  Mettez chaque verbe à l'infinitif en commençant la phrase avec les mots *il faut.*

*Exemple:* Nous lisons le sonnet.     *Il faut lire* le sonnet.

1.  Nous nous aimons sans ruse.
2.  Nous vivons à deux.
3.  Vous donnez votre cœur à tout moment.
4.  Vous respectez sa pensée.

## Prononciation

Prononcez chaque mot suivant en faisant attention au son [ɛ] comme dans le mot anglais *bed.*

1.  elle est
2.  il aime
3.  la tête
4.  chère
5.  faire
6.  sept

# Le Vent

## Emile Verhaeren

*(1855–1916)*

| | |
|---|---|
| Ouvrez, les gens°, ouvrez la porte, | people |
| Je frappe au seuil° et à l'auvent°, | threshold/shutter |
| Ouvrez, les gens, je suis le vent | |
| Qui s'habille de feuilles mortes°. | dead |
| | |
| Entrez, monsieur, entrez le vent, | |
| Voici pour vous la cheminée° | fireplace |
| Et sa niche badigeonnée°; | whitewashed |
| Entrez chez nous, monsieur le vent. . . | |

*Verhaeren, le plus grand poète de la Belgique, est connu pour ses poèmes sur la campagne flamande. On le compare souvent à Walt Whitman.*

## Questions

Répondez à chaque question par une phrase complète.

1. Qui parle dans la première partie du poème? Dans la deuxième partie?
2. Quels sont les «vêtements» du vent?
3. En quelle saison se sert-on de *(use)* la cheminée?
4. Qui est le plus poli *(polite),* le vent ou les gens dans la maison? Pourquoi?

# Vocabulaire

## La maison

| | | |
|---|---|---|
| l' | **appartement** *(m)* | apartment |
| la | **chambre** | room |
| la | **chambre à coucher** | bedroom |
| la | **cuisine** | kitchen |
| la | **douche**\* | shower |
| l' | **étage** *(m)* | story, floor |
| la | **maison** | house |
| le | **ménage** | household, couple |
| la | **pièce** | room |
| le | **placard** | closet |
| le | **propriétaire** | owner |
| le | **quartier** | neighborhood |
| le | **rez-de-chaussée** | ground floor |
| la | **salle** | room |
| la | **salle de bains** | bathroom (for bathing) |
| le | **salon** | living room |
| les | **toilettes** *(f)* | toilet, bathroom |
| le | **voisin** | male neighbor |
| la | **voisine** | female neighbor |
| les | **W.-C.** *(m)* | toilet (water closet) |
| | **construire** | to build |
| | **déménager** | to move out |
| | **habiter** | to inhabit, to dwell, to live in |
| | **s'installer** | to install, to settle in |
| | **louer** | to rent |
| | **marcher** | to function, to work |
| | **faire le ménage** | to do housework |
| | **nettoyer** | to clean |
| | **posséder** | to own |

## Exercices

A.  Trouvez un synonyme pour chaque mot suivant.

    1.  chambre        2.  faire le ménage       3.  quitter

    4.  bâtir               5.  toilettes

B.  Répondez par des phrases complètes.

    1.  A quel étage sommes-nous maintenant?

    2.  A quel étage est votre cuisine?

    3.  Où mettez-vous les manteaux?

    4.  Qui fait le ménage chez vous?

C.  Faites des phrases complètes à l'aide des mots suivants.

    1.  ménage / s'installer / aujourd'hui

    2.  préférer / ville / appartement

    3.  salle de bains / eau / chaud

    4.  louer / maison / cher

    5.  rez-de-chaussée / bruit / rue

    6.  habiter / quartier / tranquille

D.  Mettez les verbes suivants aux deux autres formes de l'impératif.

*Exemple:* Ecoutez le voisin.     Ecoute. Ecoutons.

    1.  Ouvrez la porte.

    2.  Fermez la fenêtre.

    3.  Fais bien le ménage.

    4.  Nettoie le salon tout de suite.

    5.  Louons un grand appartement.

    6.  N'allez pas dans ce quartier.

    7.  Descendez au rez-de-chaussée.

    8.  Choisissez une belle chambre.

    9.  Montez au premier étage.

   10.  Venez chez Dominique ce soir.

## Prononciation

Prononcez les mots suivants en faisant attention au son [**u**] comme dans le mot anglais *who.*

1. tout
2. pourraient
3. autour
4. vouloir
5. goût
6. cou

# J'ai le cœur. . .

## Bernard de Ventadour

*(12ᵉ siècle)*

| | |
|---|---|
| J'ai le cœur si plein de joie | |
| Qu'il transmue° Nature; | transforms |
| Le gel° me semble fleur blanche, | frost |
| Vermeille° et dorée°. | vermillion/gilded |
| Avec le vent et la pluie | |
| Mon bonheur s'accroît°; | increases |
| C'est pourquoi mon Prix° s'exalte | glory |
| Et mon chant s'épure. | |
| J'ai tant d'amour au cœur | |
| De joie et de douceur° | tenderness |
| Que frimas° est une fleur | hoarfrost, rime |
| Et neige, verdure. | |

*Bernard de Ventadour, du Limousin, est un célèbre troubadour, c'est-à-dire un poète lyrique qui chante l'amour courtois* (courtly love). *Il vit à la cour d'Aliénor d'Acquitaine, l'épouse d'abord de Louis VII, roi de France, ensuite d'Henri Plantagenet, roi d'Angleterre.*

## Questions

Répondez à chaque question par une phrase complète.

1. Quels mots paraissent deux fois dans ce poème?
2. Dites comment le gel, le vent, le frimas et la neige changent.
3. Dites pourquoi cette transmutation de la Nature a lieu (lisez les vers 1 et 9).

## Vocabulaire

### La nature

| | | |
|---|---|---|
| le | brouillard | fog |
| le | ciel | sky |
| l' | étoile (f) | star |
| le | gel | frost |
| la | lune | moon |
| la | neige | snow |
| le | nuage | cloud |
| la | pluie | rain |
| le | soleil | sun |
| le | vent | wind |
| | briller | to shine |
| | geler | to freeze |
| | neiger | to snow |
| | pleuvoir | to rain |
| | brumeux, brumeuse | foggy |
| | chaud | hot |
| | couvert | cloudy |
| | froid | cold |
| | tiède | warm |

## Exercices

A. Complétez chaque phrase avec le mot convenable.

1. Quand il pleut le ciel est _____ .

2. La nuit on peut voir les _____ .

3. Il fait chaud quand le soleil _____ .

4. _____ est plus froide que la pluie.

5. Les jours _____ on ne peut pas voir le soleil.

couvert

brumeux

neige

briller

vent

étoile

voler

B. Complétez chaque phrase avec l'adverbe qui convient. Utilisez une fois chaque mot de la liste à droite.

1. Son cœur est _____ plein de joie qu'il transmue Nature.

   tant. . . que

2. Le poète aime _____ la Nature.

   très

3. Il est _____ heureux avec le vent et la pluie.

   plus

4. Il a _____d'amour au cœur _____ pour lui le frimas est une fleur.

   beaucoup

5. En hiver il fait _____ froid qu'au printemps.

   si

## Prononciation

To produce the French **r** sound, place the tongue in a normal, flat position. Touch the tip of your tongue against your bottom teeth. Say the word **air**. It may help to pretend that you are dislodging something caught in your throat in order to produce the guttural sound.

Prononcez chaque mot suivant en faisant attention au son **r**.

1. cœur       2. fleur       3. verdure       4. nature

5. froid       6. rue         7. rire

# Le Relais°

## Gérard de Nerval
### *(1808–1855)*

En voyage, on° s'arrête, on descend de voiture°;    people (you, they)/
Puis entre deux maisons on passe à l'aventure,      horse-drawn carriage
Des chevaux, de la route et des fouets° étourdi°,   whips/dazed
L'œil fatigué de voir et le corps engourdi°.      numb

Et voici tout à coup, silencieuse et verte,
Une vallée humide et de lilas° couverte,      lilac trees
Un ruisseau qui murmure entre les peupliers°,—   poplar trees
Et la route et le bruit sont bien vite oubliés!

On se couche dans l'herbe et l'on s'écoute vivre,
De l'odeur du foin° vert à loisir on s'enivre°,     hay/becomes
Et sans penser à rien on regarde les cieux. . .     intoxicated from
Hélas! une voix crie: «En voiture, messieurs!»     the pleasant scent

*L'œuvre en prose et en vers de Nerval relie la vie et le rêve avec un mélange de mélancolie et de gaieté.*

## Questions

Répondez à chaque question par une phrase complète.

1. Dans la première strophe, quel contraste y a-t-il entre le cheval et les voyagers?

2. Quelles différences trouvez-vous entre la première et la deuxième strophes?

3. Nommez les éléments de la nature de la deuxième et troisième strophes.

4. Dans quels pays du monde est-ce qu'on voyage à cheval à la fin du 20ᵉ siècle?

# Vocabulaire

## Le transport

| | | |
|---|---|---|
| l' | **avion** (*m*) | airplane |
| la | **bicyclette** | bicycle |
| *le | **car** | bus |
| la | **circulation** | traffic |
| le | **feu rouge** | stop light |
| la | **panne** | breakdown |
| la | **voiture** | carriage; automobile |
| le | **voyage** | trip; journey |
| | **arrêter** | to stop |
| | **avancer** | to move forward |
| | **conduire** | to drive |
| | **démarrer** | to start |
| | **être en panne** | to be out of order |
| | **marcher** | to walk; to function |
| | **reculer** | to reverse; to back up |
| | **voler** | to fly |
| | **à droite** | to the right |
| | **à gauche** | to the left |
| | **tout droit** | straight ahead |

## Exercices

A. Ecrivez l'antonyme de chaque mot ou expression.

1. feu rouge
2. avancer
3. à droite
4. être en panne
5. démarrer

B. Récrivez chaque phrase en utilisant **on** comme sujet.

1. Les voyageurs s'arrêtent.
2. Ils descendent de voiture.
3. Nous nous couchons dans l'herbe.
4. Vous vous enivrez.
5. Nous regardons le ciel.

## Prononciation

Prononcez chaque mot suivant en faisant attention au son [œ] comme dans le mot anglais *enough*.

1. l'œil
2. peuplier
3. cœur
4. heure
5. jeune

# Son de cloche°

bell

## Pierre Reverdy

*(1899–1960)*

Tout s'est éteint°  faded away
Le vent passe en chantant
    Et les arbres frissonnent°  are shivering
Les animaux sont morts
Il n'y a plus personne
        Regarde
Les étoiles ont cessé de briller°  shining
    La terre ne tourne pas
Une tête s'est inclinée°  bowed
    Les cheveux balayant° la nuit  sweeping
Le dernier clocher° resté debout°  bell tower/still up
    Sonne° minuit  is tolling

*Reverdy est l'auteur de poèmes surréalistes qui cultivent l'étrange.*

## Questions

Répondez à chaque question par une phrase complète.

1. Qu'est-ce qui a cessé? Quelles parties de l'univers sont mentionnées dans le poème?
2. Quels sont les éléments mystérieux ou surnaturels?
3. Quelle est l'importance symbolique de l'heure?
4. Quelle est l'idée principale du poème?

## Vocabulaire

Le temps

| | | |
|---|---|---|
| l' | an (m) | year |
| l' | année (f) | year |
| l' | avenir (m) | future |
| l' | heure (f) | hour, time |
| le | jour | day |
| la | journée | day |
| le | matin | morning |
| la | matinée | morning |
| | midi (m) | noon |
| | minuit (m) | midnight |
| le | mois | month |
| la | nuit | night |
| la | semaine | week |
| le | siècle | century |
| le | soir | evening |
| la | soirée | evening |
| le | temps | time |
| | se dépêcher | to hurry |
| | durer | to last |
| | passer* le temps | to spend time |
| | perdre du temps | to waste, to lose time |
| | se presser | to hurry |
| | rester debout | to stay awake |
| | vieillir | to grow old, to age |
| | actuellement* | at present, now |
| | aujourd'hui | today |
| | demain | tomorrow |
| | hier | yesterday |
| | hier soir | last night |
| | souvent | often |
| | tard | late |
| | de temps en temps | once in a while |
| | tôt | early |

## Exercices

A. Trouvez un synonyme pour chaque mot suivant.

1. un an
2. huit jours
3. se presser
4. le futur
5. cent ans
6. maintenant

B. Lisez l'heure telle qu'elle est indiquée ci-dessous. (In France, official time is based on *twenty-four* hours. A 3 P.M. train leaves at **15 h.**, an 8 P.M. show starts at **20 h.**)

1. 8.30 A.M.
2. 10.45 A.M.
3. 6 P.M.
4. 10 P.M.
5. 12 P.M.

C. Mettez au négatif chaque phrase suivante. Utilisez diverses expressions négatives, telles que **ne. . . pas**, **ne. . . jamais**, **ne. . . personne**, **ne. . . plus**, **ne. . . rien**. Faites tous les changements nécessaires.

1. L'horloge s'arrête à midi.
2. Je suis toujours pressé(e).
3. Je comprends tout!
4. Nous restons debout jusqu'à minuit.
5. Il y a quelqu'un là-bas.
6. Le clocher sonne encore.
7. Nous passons le temps à regarder les étoiles.
8. Nous sommes actuellement au dix-neuvième siècle.

## Prononciation

Prononcez chaque mot suivant en faisant attention au son [y]. Mettez les lèvres comme si vous alliez siffler (*whistle*) et dites [i]. Ce son n'existe pas en anglais.

1. **u**ne
2. **du**
3. **plu**s
4. j'ai **eu**
5. **ju**ste
6. dé**bu**t

# Chinoiserie°

Chinese curio

## Théophile Gautier
### (1811–1872)

Ce n'est pas vous, non, madame, que j'aime,
Ni vous non plus°, Juliette†, ni vous,                    either
Ophélia†, ni Béatrix†, ni même°                           even
Laure† la blonde, avec ses grands yeux doux.

Celle° que j'aime, à présent, est en Chine;              the one
Elle demeure avec ses vieux parents,
Dans une tour° de porcelaine fine,                       tower
Au fleuve Jaune, où sont les cormorans°.                 cormorant (birds)

Elle a des yeux retroussés° vers les tempes°,            turned up/temples
Un pied petit à tenir dans la main,
Le teint° plus clair que le cuivre° des lampes,          complexion/brass
Les ongles longs et rougis de carmin°.                   carmine (red dye)

Par son treillis° elle passe sa tête,                    trellis
Que l'hirondelle°, en volant, vient toucher,             swallow
Et, chaque soir, aussi bien qu'un poète,
Chante le saule° et la fleur du pêcher°.                 willow/peach tree

*Gautier travaille comme peintre avant d'être écrivain. Il conçoit*
*(conceives) ses poèmes comme des objets d'art.*

## Questions

Répondez à chaque question par une phrase complète.

1. Quelles femmes célèbres sont mentionnées? Pourquoi?
2. Où habite celle qu'aime le poète? En quoi est-ce un lieu exotique?

†Femmes célèbres aimées de Roméo, Hamlet, Dante et Pétrarque.

3. Quelles sont les qualités physiques de la femme dans le poème?

4. Que fait la femme chaque soir?

5. Quels éléments créent l'atmosphère orientale du poème?


## Vocabulaire

Many French words that resemble English words have entirely different meanings. These words, false cognates, are called *faux amis*. The lists below present words commonly misused.

| I. Français–anglais | | II. Anglais–français | |
|---|---|---|---|
| *Les noms* | | | |
| l' **avis** (m) | opinion | advice | le **conseil** |
| la **chance** | luck | chance | l' **occasion** (f), le **hasard** |
| le **collège** | middle school | college | l' **université** (f) |
| la **figure** | face | figure | le **corps** |
| l' **injure** (f) | insult | injury | la **blessure** |
| la **lecture** | reading | lecture | la **conférence** |
| la **librairie** | bookstore | library | la **bibliothèque** |
| le **souvenir** | memory, souvenir | souvenir | le **souvenir** |
| *Les verbes* | | | |
| **achever** | to complete | to achieve | **réaliser** |
| **assister à** | to attend | to assist | **aider** |
| **attendre** | to wait | to attend | **assister à** |
| **ignorer** | not to know | to ignore | **ne tenir aucun compte de** |
| **prétendre** | to claim | to pretend | **faire semblant** |
| **réaliser** | to achieve | to realize | **se rendre compte** |
| **supporter** | to bear, to tolerate | to support | **soutenir** |
| *Les adjectifs* | | | |
| **actuel** | current, present | actual | **réel, véritable** |
| **engagé** | committed | engaged | **fiancé(e)** |
| **propre** | clean, own | proper | **convenable** |
| **sensible** | sensitive | sensible | **raisonnable** |
| **sympathique** | likeable, attractive | sympathetic | **compatissant** |

## Exercices

A. Choisissez le mot qui convient pour compléter chaque phrase. Faites les changements nécessaires s'il y a lieu.

1.  Nous avons trente pages de _____ pour demain.
    lecture
    conférence

2.  Cet enfant est trop _____ , il pleure facilement.
    raisonnable
    sensible

3.  A mon _____ c'est trop difficile.
    avis
    opinion

4.  Après beaucoup d'effort tu as _____ ton but.
    réaliser
    achever

5.  Frédéric s'est _____ avec une Italienne.
    fiancé
    engagé

6.  Avez-vous reçu cette _____ en tombant?
    blessure
    injure

B. Refaites les phrases en employant **c'est. . . qui** ou **c'est. . . que** pour mettre en relief (*emphasize*) un élément de la phrase.

1.  La Chinoise a de beaux yeux.
2.  Roméo aime Juliette et Hamlet aime Ophélia.
3.  Je vous regarde chaque soir.
4.  Théophile Gautier a écrit le poème «Chinoiserie».
5.  Je ne vous aime pas, madame.

## Prononciation

Prononcez chaque mot suivant en faisant attention au son [ə] (**e** muet) comme dans le mot anglais *about*.

1.  ce
2.  je
3.  ne
4.  que
5.  monsieur

# La Paix° du soir

peace

## Anna de Noailles

### *(1876–1933)*

| | |
|---|---|
| Une horloge sonne° minuit | is striking |
| A travers les nocturnes voiles°, | veils |
| Elle sonne, on ne sait pas d'où, | |
| Et ce son° est si pur, si doux, | sound |
| Qu'il semble qu'une blanche étoile | |
| Tombe du ciel à chaque coup°. | stroke |
| —Douze coups lents, chantants, tranquilles | |
| Comme l'argent dans la sébile°. . . | beggar's bowl |

*Née à Paris où elle passe presque toute sa vie, cette femme d'un noble français, fille d'un prince roumain et d'une mère grecque, écrit des poèmes lyriques aux formes régulières.*

## Questions

Répondez à chaque question par une phrase complète.

1. Décrivez le son de l'horloge.
2. Quel son produisent des pièces de monnaie jetées contre le bois?
3. La comparaison de l'auteur vous semble-t-elle juste? Pourquoi?
4. Quels mots évoquent le sentiment de «paix»?
5. Qu'est-ce qui crée les différences de ton entre ce poème et «Son de cloche»?

## Vocabulaire

### Les sons

| | | |
|---|---|---|
| le | bruit | noise |
| l' | onde sonore (f) | sound wave |
| l' | oreille (f) | ear |
| l' | ouïe (f) | hearing |
| le | silence | silence |
| le | son | sound |
| la | surdité | deafness |
| la | tonalité | the tone, beep |
| la | voix | voice |
| | aboyer | to bark |
| | chanter | to sing |
| | écouter | to listen |
| | entendre | to hear |
| | klaxonner | to honk a car horn |
| | miauler | to meow |
| | murmurer | to murmur, to babble |
| | ronronner | to snore |
| | siffler | to whistle |
| | sonner | to ring, to strike (the hour) |
| | se taire | to be silent |
| | doux, douce | soft |
| | fort | loud |
| | harmonieux, harmonieuse | harmonious |
| | sonore | ringing, resonant |
| | sourd | deaf; muted sound |

## Exercices

A. Associez à chacun des noms suivants un infinitif différent.

1. la cloche
2. le chien
3. le grand-père
4. le chat
5. le chauffeur
6. l'oreille
7. le vent
8. le silence
9. le chœur

B. Lisez les phrases suivantes en faisant attention aux nombres. (Periods [les points] and commas [les virgules] used with numbers have the *opposite* value in French and English. Periods indicate units of 100, and commas indicate decimals in French.)

2.200 = **deux mille** deux cents    2,2 = **deux et deux dixièmes**

1. La France a 58.000.000 d'habitants.
2. Les femmes votent en France depuis le 21 avril 1944.
3. La Révolution française a commencé en 1789.
4. L'Union Européenne a environ 360.000.000 d'habitants.
5. Haïti est indépendant depuis 1804.

Lisez les nombres suivants. Quelques fractions sont 1/4 (un quart), 1/3 (un tiers) et 1/2 (un demi).

6.  1/4    14    40    80    24    94    44    4    64    74
7.  15    5    65    50    75
8.  6    16    60    76    66
9.  2    1/2    3    1/3    13

C. Lisez les dates suivantes. (In French the date is indicated with the *day* *preceding* the month: **5/1=le cinq janvier, 1/5=le premier mai.** *Cardinal* numbers preceded by the definite article indicate the date: **le deux juillet,** *le* **vingt juin.** The only *ordinal* number used is **le premier:** *le* *premier* **avril.**)

1. 26/4    14/7    9/10        2.  4/7    18/10    20/2
3. 25/12    1/1    15/3

# Prononciation

Il y a un enchaînement quand on prononce la consonne à la fin d'un mot et l'enchaîne à la voyelle du mot suivant sans prononcer le **e** muet et sans hiatus.

1. sans ruse et    2. vivre à deux    3. Belle Epoque    4. une œuvre
5. Laure et    6. la tête en    7. la chatte ébène    8. doute et

# Composition

## Malick Fall
*(1920–1978)*

| | |
|---|---|
| Je ne peindrai° pas | will not paint |
| Un tableau blanc et noir | |
| Sur un vieux mur de brouillard° assoupi° | fog/dull |
| | |
| Je peindrai | |
| Une sonate rutilante° | gleaming red |
| Sur un vieux mur de brouillard sonore | |
| Couleur de cendre° | ash |
| Au vent | |
| | |
| Tu pourrais contempler ses couleurs de fièvre° | fever |
| Les yeux endormis° mais l'oreille tendue° | asleep/straining |
| Tu verrais alors des murmures envoûtants° | bewitching |
| Des sortilèges° | magic |
| Des chants en pluie de voix d'or | |
| Des abeilles° se conter leur pollen d'amour | bees |
| Et même | |
| Si tu fermais tes oreilles éblouies° | dazzled |
| Mon tableau | |
| Te confierait° | entrust you with |
| Son hallucinant message | |
| De beauté primaire | |
| De déconcertante unité. | |

*Né au Sénégal, Malick Fall était poète, diplomate et romancier.*

## Questions

Répondez à chaque question par une phrase complète.

1.  Normalement, peut-on contempler (regarder) un tableau «les yeux endormies (fermés)» et est-ce qu'on tend l'oreille pour voir quelque chose?

2.  La figure littéraire *synesthésie* veut dire qu'on substitue un sens à un autre—entendre ou sentir une couleur, voir un son. Trouvez-en des exemples dans ce poème.

3.  Que signifie le mot «Composition», le titre du poème?

4.  Pourquoi serait-on déconcerté par l'unité du tableau?

## Vocabulaire

### Les arts

| | | |
|---|---|---|
| l' | **acteur** *(m)* | actor |
| l' | **actrice** *(f)* | actress |
| l' | **artiste** *(m/f)* | artist |
| la | **beauté** | beauty |
| la | **chanson** | song |
| le | **goût** | taste |
| | le/la **musicien/ne** | musician |
| l' | **œuvre** *(f)* | work (of art) |
| le | **chef-d'œuvre** | masterpiece |
| le | **peintre** | painter |
| la | **sonate** | sonata |
| le | **tableau** | painting |
| | **chanter** | to sing |
| | **composer** | to compose |
| | **danser** | to dance |
| | **jouer de** | to play (an instrument) |
| | **peindre** | to paint |

## Exercices

A. Complétez chaque phrase avec un mot de la liste de vocabulaire de cette leçon.

1. L'artiste peint un _____ .

2. Debussy est un musicien qui savait _____ du piano.

3. C'est un _____ , c'est-à-dire sa meilleure œuvre.

4. _____ a changé; on n'aime plus cet opéra.

5. Renoir est un _____ impressioniste que j'aime.

B. Trouvez la forme féminine de chacun des adjectifs suivants.

1. blanc    2. frais    3. grand    4. bon    5. beau
6. faux    7. doux    8. sec    9. vieux    10. heureux
11. premier   12. jeune   13. fou    14. laid

C. Choisissez la forme correcte de l'adjectif.

1. Un tableau _____ (blanc / blanche)

2. Une sonate _____ (rutilant / rutilante)

3. Les yeux _____ (endormies / endormis)

4. Les oreilles _____ (éblouies / éblouis)

5. Son message _____ (hallucinant / hallucinante)

# Prononciation

Les mots «maudits»[†] sont souvent mal prononcés par les étrangers. Prononcez chaque mot en faisant attention aux lettres en caractères gras.

| | | | | | |
|---|---|---|---|---|---|
| 1. | fil**s** | [fis] | 10. | au**x** Etat**s**-Unis | [ozetazyni] |
| 2. | fi**lle** | [fij] | 11. | pa**ys** | [pei] |
| 3. | fe**mm**e | [fam] | 12. | **mon**sieur | [məsjø] |
| 4. | hiver | [iver] | 13. | chev**aux** | [ʃəvo] |
| 5. | **J**eanne | [ʒan] | 14. | chev**eux** | [ʃəvø] |
| 6. | vé**cu** | [veky] | 15. | gare | [gar] |
| 7. | **eu** | [y] | 16. | **gu**erre | [gɛr] |
| 8. | Sor**bonne** | [sɔrbɔn] | 17. | démocra**tie** | [demɔkrasi] |
| 9. | innocen**t** | [inɔsā] | 18. | les **hors**-d'œuvre | [leɔrdœvr] |

[†] This term is a play on the word **maudire**, "to damn, to curse," applied here to commonly mispronounced French words.

# Bonne Justice

## Paul Eluard

### *(1895–1952)*

| | |
|---|---|
| C'est la chaude loi° des hommes | law |
| Du raisin° ils font du vin | grapes |
| Du charbon° ils font du feu | coal |
| Des baisers° ils font des hommes | kisses |
| | |
| C'est la dure° loi des hommes | hard |
| Se garder intact malgré | |
| Les guerres° et la misère | war |
| Malgré les dangers de mort | |
| | |
| C'est la douce° loi des hommes | sweet |
| De changer l'eau en lumière | |
| Le rêve° en réalité | dream |
| Et les ennemis en frères | |
| | |
| Une loi vieille et nouvelle | |
| Qui va se perfectionnant | |
| Du fond° du cœur de l'enfant | bottom |
| Jusqu'à la raison suprême. | |

*Eluard est le poète de l'amour et de la fraternité. Il participe à la Résistance[†] pendant la Deuxième Guerre mondiale. Il est l'un des fondateurs du mouvement surréaliste.[‡]*

Paul Eluard, *Pouvoir tout dire* recueilli dans *Œuvres complètes, tome II*, Bibliothèque de la Pléiade, © Editions Gallimard

[†] French underground movement against the German occupation during World War II.

[‡] Surrealism: an artistic movement of the early twentieth century devoted to the supremacy of dreams and instinct over reason and logic.

# Questions

Répondez à chaque question par une phrase complète.

1. Quelles sont les différentes lois des hommes?
2. Laquelle est la plus importante? Pourquoi?
3. Comment peut-on changer le rêve en réalité? les ennemis en frères?
4. Quels mots sont répétés? Quel est l'effet produit?
5. Quelle vieille loi continue à se perfectionner?

# Vocabulaire

## La justice

| | | |
|---|---|---|
| le | devoir | duty |
| le | droit | right |
| la | guerre | war |
| la | liberté | freedom |
| la | loi | law |
| la | paix | peace |
| la | peine | punishment |
| le | pouvoir | power |
| le | procès | trial |
| | accuser | to accuse |
| | juger | to judge |
| | jurer | to swear, to take oath |
| | lutter | to fight, to struggle |
| | protéger | to protect |
| | coupable | guilty |
| | innocent | innocent |
| | juste | fair |

# Exercices

A. Trouvez un mot de la même famille que chaque mot suivant.

*Exemple:* guerre → *guerrilla*

1. chaud    2. protéger   3. loi      4. liberté   5. justice

B. Choisissez le mot qui convient pour compléter chaque phrase.

1. On a _____ de voter à dix-huit ans.                    procès

2. On fait _____ pour obtenir la liberté.                 guerre

3. Quelles sont _____ les plus importantes?               jurer

4. Si vous êtes innocent vous n'êtes pas _____ .          coupable

5. Les lois doivent _____ les hommes.                     protéger

6. Il faut _____ de dire la vérité.                        devoir

7. _____ aura lieu au Palais de Justice.                   loi

                                                                droit

C. Mettez au pluriel les phrases suivantes.

1. D'un baiser ils font un homme.
2. Malgré la guerre et le danger il continue.
3. L'homme change l'ennemi en frère.
4. Une vieille loi se perfectionne.
5. La loi vient du cœur de l'enfant.

# Prononciation

Prononcez chaque mot suivant en faisant attention au son [s] comme dans le mot anglais *see*.

1. ça         2. ciel        3. action       4. français
5. sur        6. somme       7. démocratie   8. système

# Ronde

**Paul Fort**

*(1872–1960)*

—Si toutes les filles du monde voulaient
   s'donner† la main, tout autour° de la mer,          around
   elles pourraient faire une ronde°.                  dance done in a circle,
—Si tous les gars° du monde voulaient                  holding hands/boys
   bien êtr'† marins°, ils f'raient† avec leurs         (*garçons*)/sailors
   barques° un joli pont sur l'onde.                    boats
—Alors on pourrait faire une ronde
   autour du monde, si tous les gens
   du monde, voulaient s'donner† la main.

*Paul Fort est né à Reims, en Champagne. Ses poèmes, intitulés*
Ballades françaises, *chantent l'amour, la tradition et la nature.*

## Questions

Répondez à chaque question par une phrase complète.

1. Qu'est-ce que le serrement de main symbolise?
2. Quels mots dans le poème riment avec *ronde?* Essayez d'expliquer le choix et les sens.
3. Quels autres gestes expriment l'amitié?
4. Quels autres titres conviendraient à ce poème?

† These words are spelled as they might be pronounced. The correct spellings are *se donner, être, feraient.*

# Vocabulaire

## La géographie

| | |
|---|---|
| les Antilles (f) | islands in the Caribbean, including francophone Martinique, Guadeloupe |
| les D.O.M./T.O.M. (m) | |
| départements d'outre-mer/territoires d'outre-mer | |
| | French overseas departments/ French overseas territories |
| le désert | desert |
| l' est (m) | east |
| le fleuve | river |
| l' île (f) | island |
| le lac | lake |
| le Maghreb | North African countries: Morocco, Algeria, Tunisia |
| la mer | sea |
| le Midi | southern France, including Provence |
| la montagne | mountain |
| le nord | north |
| l' océan (m) | ocean |
| l' ouest (m) | west |
| le pays | country |
| le sud | south |
| la terre | earth |
| occidental | western |
| oriental | eastern |

## Exercices

A. Complétez la phrase avec le mot qui convient.

1. _____ Mediterranée est au sud de la France.     la Martinique

2. A l'ouest de la France il y a _____ Atlantique.     pays

3. La Loire est le plus long _____ de France.     île

4. Les _____ du Maghreb sont le Maroc,     mer

     l'Algérie et la Tunisie.     plages

5. L'_____ de la Réunion est située dans     l'océan

     l'océan Indien.     fleuve

6. La Côte d'Azur a de très belles _____ .     la Guadeloupe

7. Deux îles des Antilles s'appellent _____
 et _____ .

B. Mettez le verbe infinitif à l'imparfait ou au conditionnel suivant les cas et finissez chaque phrase.

1. Si les garçons étaients marins, ils (faire)
2. Si tu m'aimais, je (être)
3. Si je regardais bien, je (voir)
4. Je respirerais vite si je (courir)
5. Tu le toucherais si tu (vouloir)
6. Ils le goûteraient mieux s'ils (manger)
7. Je danserais avec toi si tu me le (demander)

## Prononciation

Prononcez chaque mot suivant en faisant attention au son [z] comme dans le mot anglais *prize*.

1. pay**s**age     2. dé**s**ert     3. **z**éro

4. o**s**er     5. poé**s**ie     6. deu**x**ième

# Portrait des Français

## Fanny de Beauharnais
### *(1737–1813)*

| | |
|---|---|
| Tous vos goûts sont inconséquents°: | inconsistent, fickle |
| Un rien° change vos caractères; | a trifle, insignificant detail |
| Un rien commande à vos penchants. | |
| Vous prenez pour des feux ardents° | scorching flames |
| Les bluettes les plus légères°. | flimsy sparks of fire |
| La nouveauté, son fol° attrait, | wild |
| Vous enflamment jusqu'au délire: | |
| Un rien suffit pour vous séduire° | captivate, charm you |
| Et l'enfance est votre portrait. | |
| Qui vous amuse, vous maîtrise; | |
| Vous fait-on° rire? On a tout fait! | someone |
| Et vous n'aimez que par surprise. | |
| Vous n'avez tous° qu'un seul jargon, | all of you Frenchmen |
| Bien° frivole, bien incommode. | quite |
| Si la raison était de mode, | |
| Vous auriez tous de la raison. | |

*Ainsi que d'autres auteurs du 18ᵉ siècle, comme Voltaire dans Candide, Beauharnais se moque des faiblesses de son époque.*

## Questions

Répondez à chaque question par une phrase complète.

1. Trouvez-vous ce portrait entièrement antipathique? Justifiez votre réponse.

2. Est-ce que le ton du poète est amer? comique? sarcastique? Expliquez.

3. Quelle faiblesse semble être la plus grave? les goûts inconséquents? le jargon frivole? autre?

4. Cherchez les mots *tout* et *rien* et dites l'effet de ces mots sur le lecteur.

## Vocabulaire

### Le caractère

| | | |
|---|---|---|
| le | caractère | character |
| la | confiance | confidence, trust |
| l' | humeur* (f) | mood |
| l' | hypocrisie (f) | hypocrisy |
| la | patience | patience |
| la | vérité | truth |
| la | volonté | will |
| | adorer | to adore |
| | aimer | to love |
| | estimer | to respect |
| | haïr | to hate |
| | mentir | to lie |
| | respecter | to respect |
| | tricher | to cheat |
| | valoir | to be worth |
| | discret, discrète | discreet |
| | égoïste* | selfish |
| | fidèle | faithful |
| | gai | cheerful |
| | généreux, généreuse | generous |
| | gentil, gentille | nice |
| | honnête | honest |
| | lâche | cowardly |
| | sensible* | sensitive |

## Exercices

A. Finissez la phrase en utilisant le vocabulaire de cette leçon.

1. On dit que les filles sont plus _____ que les garçons.

2. Les traits que j'admire le plus sont _____ et _____ .

3. A mon avis, le/la _____ est plus important(e) que la patience.

4. Une personne _____ sait garder les confidences.

5. Quand je suis de mauvaise _____ je perds patience.

6. Une personne honnête refuse de _____ .

7. Ces enfants sont trop _____ ; ils pleurent si facilement.

8. Il faut avoir beaucoup de _____ pour remplir tous ses devoirs.

B. Choisissez la forme correcte du mot **tout** pour compléter chaque expression. Utilisez chaque forme au moins une fois.

| | |
|---|---|
| 1. _____ les jours | le tout |
| 2. _____ le monde | toute |
| 3. _____ la journée | tous |
| 4. _____ est plus grand que ses parties | tout |
| 5. _____ de suite | |
| 6. pas du _____ | |

## Prononciation

Prononcez chaque mot suivant en faisant attention au son nasal [œ̃] comme dans le mot anglais *enough*. Ne proncez pas le **n**.

1. **un** livre       2. l**un**di       3. br**un**

4. comm**un**       5. chac**un**       6. Verd**un**

# Trahison°

betrayal

## Léon Laleau

*(1892–1979)*

| | |
|---|---|
| Ce cœur obsédant°, qui ne correspond | haunting |
| Pas à mon langage ou à mes costumes, | |
| Et sur lequel mordent°, comme un crampon°, | bite/clamp |
| Des sentiments d'emprunt° et des coutumes° | borrowed/customs |
| D'Europe, sentez°-vous cette souffrance | feel |
| Et ce désespoir° à nul autre égal | despair |
| D'apprivoiser°, avec des mots de France, | tame |
| Ce cœur qui m'est venu du Sénégal? | |

*Laleau, poète noir né à Haïti à Port-au-Prince, est aussi diplomate. Il parle souvent dans ses poèmes du conflit de l'homme noir avec la civilisation européenne.*

## Questions

Répondez à chaque question par une phrase complète.

1. Pouvez-vous indiquer certaines différences de langue et de coutumes entre Africains et Européens? Lesquelles?
2. Quel est le plus grand désespoir de ce Noir (*black person*) venu en France?
3. Quel conflit existe entre son cœur et son langage?
4. Quel est le sentiment le plus important du poème?

## Vocabulaire

### Le sentiment

| | | |
|---|---|---|
| l' | **amitié** (f) | friendship |
| le | **bonheur** | happiness |
| la | **douleur** | pain, sadness |
| l' | **ennui** (m) | boredom |
| l' | **espoir** (m) | hope |
| le | **plaisir** | pleasure |
| le | **sentiment** | feeling |
| le | **souci** | worry |
| | **aimer** | to love, to like |
| | **détester** | to detest, to hate |
| | **espérer** | to hope |
| | **s'inquiéter** | to worry |
| | **pleurer** | to cry |
| | **rire** | to laugh |
| | **sentir** | to feel |
| | **content** | glad |
| | **déprimé** | depressed |
| | **ennuyeux, ennuyeuse** | boring |
| | **heureux, heureuse** | happy |
| | **malheureux, malheureuse** | unhappy |
| | **sensible**\* | sensitive |
| | **triste** | sad |

## Exercices

A.  Complétez chaque phrase comme il vous plaira.

1.  Je suis content(e) quand _____ .

2.  Les gens sensibles _____ .

3.  _____ est très ennuyeux(-euse).

4.  Je m'inquiète si _____ .

5.  Ne pleurez pas _____ .

6.  Nous rions parce que _____ .

B. Complétez chaque phrase à l'aide de l'adjectif démonstratif (**ce**, **cet**, **cette**, **ces**) approprié.

1. _____ cœur m'est venu du Sénégal.
2. _____ sentiments sont tristes.
3. _____ poème exprime la douleur.
4. _____ ennui se passera.

## Prononciation

Prononcez les mots suivants en faisant attention au son nasal [õ] comme dans le mot anglais *donkey*. Ne prononcez pas le **n** ou le **m**.

1. trahis**on**
2. corresp**ond**
3. cramp**on**
4. m**on**
5. s**ont**
6. **om**bre

# Savoir-vivre°

good manners

## Léon Damas
### (1912–1978)

On ne bâille° pas chez moi comme ils bâillent chez eux     yawn
avec la main sur la bouche
je veux bâiller sans tralalas°     fuss
le corps recroquevillé°     curled up
dans les parfums qui tourmentent la vie
que je me suis faite
de leur museau° de chien d'hiver     snout
de leur soleil qui ne pourrait pas même tiédir°     warm
l'eau de coco qui faisait glouglou° dans mon ventre     gurgle
    au réveil

Laissez-moi bâiller la main
là
sur le cœur
à l'obsession de tout ce à quoi j'ai en un jour
donné le dos.

*Poète noir, né à Cayenne, capitale de la Guyane française, Damas fait des études de droit à Paris. Il traduit les sentiments de l'étranger (stranger) venu en Europe avec humeur, parfois avec brutalité. Le rythme de sa poésie est très importante.*

## Questions

Répondez à chaque question par une phrase complète.

1. Que veut dire *chez moi* et *chez eux* selon le poète?
2. De quelle couleur est le museau d'un chien en hiver? Pourquoi?
3. Quelle est la différence entre le soleil parisien et le soleil tropical?

4. Qu'est-ce qui crée la différence de ton entre ce poème et «Trahison»?

5. Comment l'étranger exprime-t-il son indépendance?

## Vocabulaire

### Le corps

| | | |
|---|---|---|
| la | bouche | mouth |
| le | bras | arm |
| le | corps | body |
| le | cou | neck |
| le | doigt | finger |
| le | dos | back |
| l' | épaule (f) | shoulder |
| le | genou | knee |
| la | jambe | leg |
| la | main | hand |
| le | nez | nose |
| l' | œil (m) | eye |
| les | yeux (pl) | eyes |
| l' | oreille (f) | ear |
| le | pied | foot |
| la | poitrine | chest |
| le | talon | heel |
| la | tête | head |
| le | ventre | stomach |
| | bâiller | to yawn |
| | entendre | to hear |
| | goûter | to taste |
| | respirer | to breathe |
| | sentir | to smell |
| | toucher | to touch |
| | tousser | to cough |
| | voir | to see |

## Exercices

A. Formez des phrases complètes à l'aide des mots suivants.

1. petit / nez / joli
2. sœur / yeux / bleus
3. écrire / main / droite
4. je / bâiller / ennuyeux
5. doigt / cinq / main
6. s'asseoir / enfant / genoux
7. aimer / goûter / chocolat
8. tourner / dos / partir

B. Choisissez un pronom tonique différent pour compléter chaque phrase.

1. Je vous invite chez _____ .                          vous

2. Elles vous _____ .                                   nous

3. Iras-tu chez _____ alors?                            elles

4. Nous devons rentrer chez _____ .                     lui

5. Le poète veut-il retourner chez _____ ?              toi

6. Est-ce qu'on bâille comme ça chez _____ ?            moi

                                                         eux

                                                         elle

## Prononciation

Prononcez chaque mot suivant en faisant attention au son [ɛ̃] comme dans le mot anglais *angle*. Ne prononcez pas le **n**.

1. vien drez
2. bien
3. pain
4. canadien
5. ainsi
6. intimes

# Le Calmant

## Marie Laurencin

*(1885–1956)*

Plus qu'ennuyée
    Triste
Plus que triste
    Malheureuse
Plus que malheureuse
    Souffrante
Plus que souffrante
    Abandonnée
Plus qu'abandonnée
    Seule au monde
Plus que seule au monde
    Exilée
Plus qu'exilée
    Morte
Plus que morte
    Oubliée

*Mieux connue comme peintre, Marie Laurencin écrit une poésie d'une certaine naïveté.*

## Questions

Répondez à chaque question par une phrase complète.

1. Relevez les huit adjectifs en commençant par *triste* et en finissant par *oubliée*.
2. Dites quelle condition semble être la plus grave et expliquez pourquoi.

3. Trouvez-vous ce poème touchant (*touching*) ou monotone? Justifiez votre réponse.

4. Imaginez quelle personne pourrait éprouver ces sentiments et pour quelles raisons.

## Vocabulaire

### Les mesures

| | | |
|---|---|---|
| le | centimètre | centimeter |
| le | kilogramme | kilogram |
| le | kilomètre | kilometer |
| le | mètre | meter |
| la | moitié | half |
| le | nombre | number |
| le | poids | weight |
| le | quart | one-fourth |
| la | température | temperature |
| le | tiers | one-third |
| | comparer | to compare |
| | compter | to count |
| | grossir | to gain weight |
| | maigrir | to lose weight |
| | peser | to weigh |
| | aussi. . . que | as much. . .as |
| | autant. . . que | as. . .as |
| | beaucoup | much |
| | même | same, even |
| | moins | less |
| | plus | more |
| | tellement | so, so much |

## Exercices

A. Répondez à chaque question par une phrase complète.

1. Qui est la personne la plus grande dans la salle?
2. Qui parle le plus? Le moins?
3. Qui travaille le plus? Le moins?
4. Qui a les cheveux les plus foncés (*dark*)? Les moins foncés?
5. Y a-t-il autant de garçons que de filles dans la salle?
6. Y a-t-il autant de jeunes que de vieux?
7. Qui est le plus âgé? Le moins âgé?
8. Combien de personnes ont le même âge?

B. Complétez chaque phrase en utilisant le vocabulaire de cette leçon.

1. Il y a mille mètres dans _____ .
2. On pèse un objet pour savoir _____ .
3. On mange moins quand on veut _____ .
4. Pour _____ il faut manger beaucoup.
5. Il y a cent centimètres dans _____ .
6. Cinquante pour cent (*percent*) est l'équivalent de _____ .
7. Les _____ 1, 3, 5, 7, et 9 sont impairs (*uneven*).

C. Complétez chaque phrase avec un mot comparatif (supérieur=**plus**, inférieur=**moins**, ou égal=**aussi/autant**).

1. Je suis _____ intelligent(e) qu'Albert Einstein.
2. On boit _____ de vin en France qu'aux Etats-Unis.
3. Il y a _____ de jours en février qu'en juin.
4. Les Parisiens parlent _____ rapidement que moi.
5. Il fait _____ froid en été qu'en hiver.
6. Il y a _____ de jours en septembre qu'en avril.

7. Ma maison est _____ grande que la Maison Blanche.

8. La moitié est _____ que soixante pour cent.

9. Les sports m'intéressent _____ que la cuisine.

## Prononciation

Prononcez chaque mot suivant en faisant attention au son nasal [ã] comme dans le mot anglais *haunt*. Ne prononcez pas le **m** ou le **n.**

1. cha**m**bre
2. te**m**ps
3. ve**n**t
4. e**n**semble
5. fra**n**çais
6. Jea**n**

# Le Cancre°

dunce

## Jacques Prévert

### (1900–1977)

Il dit non avec la tête
mais il dit oui avec le cœur
il dit oui à ce qu'il aime
il dit non au professeur
il est debout
on le questionne
et tous les problèmes sont posés,
soudain le fou rire° le prend,          uncontrollable laughter
et[†] il efface° tout                    erases
les chiffres° et les mots               numbers
les dates et les noms
les phrases et les pièges°              traps
et malgré les menaces° du maître° sous les   threats/teacher
huées[‡]° des enfants prodiges°        boos/prodigies
avec des craies° de toutes les couleurs   chalk
sur le tableau noir du malheur
il dessine le visage du bonheur.

Jacques Prévert, *Paroles,* © Editions Gallimard

[†] Ne prononcez jamais la lettre **t** dans le mot **et**.

[‡] Ne prononcez jamais la consonne devant un **h** aspiré.

# Questions

Répondez à chaque question par une phrase complète.

1. Qu'est-ce qui montre l'ambivalence de l'élève?
2. Quelle est l'attitude de ses camarades de classe?
3. Où commence la seconde partie du poème? Justifiez votre réponse.
4. Quelle est votre réaction au dernier vers? Expliquez pourquoi.

# Vocabulaire

L'école

| | |
|---|---|
| le collège | middle school |
| le cours | cours |
| les devoirs (m) | homework |
| l' école (f) | school |
| l' élève (m/f) | pupil |
| l' étudiant/e (m/f) | student |
| l' examen (m) | examination |
| le lycée | high school (about two years beyond U.S. school) |
| le maître | male teacher |
| la maîtresse | female teacher |
| la note | grade |
| le professeur | professor, teacher |
| la promotion* | class (school group) |
| la rentrée | return (to school) |
| apprendre | to learn |
| apprendre par cœur | to memorize |
| comprendre | to understand |
| échouer | to fail |
| écrire | to write |
| enseigner | to teach |
| ignorer* | not to know |
| lire | to read |
| passer* un examen | to take an exam |
| être reçu à un examen | to pass an exam |

# Exercices

A. Combinez chaque mot de la liste de droite avec le mot qui lui convient le mieux dans la liste de gauche. Faites une phrase avec les deux mots.

| | | |
|---|---|---|
| 1. promotion | devoir |
| 2. rentrée | examen |
| 3. écrire | septembre |
| 4. maître | enseigner |
| 5. passer | livre |
| 6. lire | ignorer |
| 7. réponse | même |

B. Mettez chaque verbe au singulier ou au pluriel suivant les cas. Faites les autres changements nécessaires.

1. L'élève apprend par cœur le poème.
2. Je lis très vite.
3. Le professeur d'histoire enseigne depuis dix ans.
4. Tu ne comprends pas le devoir?
5. Nous passons l'examen en juin.
6. J'écris dix pages par jour.
7. Vous n'échouez jamais.
8. Ces élèves prodigues comprennent tout.
9. Bravo! Vous êtes reçu.
10. Je choisis les cours intéressants.

# Prononciation

Prononcez chaque mot suivant en faisant attention au son [ʒ] comme dans les mots anglais *pleasure, vision*.

| | | |
|---|---|---|
| 1. piège | 2. visage | 3. Georges |
| 4. bourgeois | 5. rouge | 6. jeudi |

# Unsaid

## Aliette Audra
### (1897–1962)

| | |
|---|---|
| Les mots qu'on ne peut jamais dire | |
| Se promènent dans l'air du temps | |
| Ils ont chaud, ils ont froid ou pire° | worse |
| Ils ont peur d'un nouveau printemps. | |
| | |
| Les mots qu'il faudra toujours taire° | keep quiet |
| S'ils devenaient des grains° de blé° | seeds/wheat |
| On s'agenouillerait° par terre, | would kneel |
| Pour bénir° les sillons comblés°. | bless/full furrows |
| | |
| O tenez-vous bien à distance | |
| Des mots qui seraient éclatants° | brilliant |
| Si vous leur donniez la licence° | freedom |
| De tout brûler° en existant. | burn |
| | |
| Les mots qui resteront silence | |
| Contenaient les plus beaux instants. | |

*Audra, poètesse française, parle souvent du mystère des mots. Elle a traduit en français les* Sonnets from the Portuguese *d'Elizabeth Barrett Browning.*

## Questions

Répondez à chaque question par une phrase complète.

1. Quelle est l'image la plus intéressante? Les mots dans l'air? comme grains de blé?
2. Y a-t-il des mots qu'il faut toujours taire? Lesquels? Pourquoi?

3. De quels mots s'agit-il dans ce poème? Sentiments amoureux? Confidences?

4. Comparez ce poème au poème de Samain, p. 80. Comment le ton change-t-il d'un poète à l'autre? Lequel est le plus touchant? le plus étrange? le plus précieux (affected)?

## Vocabulaire

### Les mots

| | | |
|---|---|---|
| l' | **argot** (m) | slang |
| l' | **idée** (f) | idea |
| la | **langue** | language |
| la | **langue maternelle** | native tongue |
| le | **mot** | word |
| le | **mot juste** | exact, right word |
| l' | **orthographe** (f) | spelling |
| la | **pensée** | thought |
| le | **sens** | meaning |
| le | **sens propre** | literal meaning |
| le | **symbole** | symbol |
| | **décrire** | to describe |
| | **dire** | to say, to tell |
| | **écrire** | to write |
| | **exprimer** | to express |
| | **lire** | to read |
| | **parler** | to speak |
| | **raconter** | to tell, to recount |
| | **vouloir dire** | to mean |
| | **étranger, étrangère** | foreign |
| | **figuré** | figurative |

## Exercices

A. Complétez chaque phrase à l'aide d'un mot choisi dans la liste de droite.

1. Je ne peux pas _____ ce sentiment.          rester
2. Il faut toujours _____ ces mots              taire
3. Ce poète doit _____ le mystère.              décrire
4. On ne peut pas _____ le sens.                aimer
5. Je veux _____ silencieux(euse)               comprendre

                                                     écrire

                                                     exprimer

B. Employez l'imparfait et le conditionnel pour compléter les phrases suivantes. L'imparfait s'emploie après **si**.

1. Si vous _____ , je _____ .
       (parler)        (écouter)

2. Si elles _____ ce mots, ils _____ éclatants.
        (dire)                  (être)

3. Si vous leur _____ la liberté, les idées _____ cela.
            (donner)                    (exprimer)

4. Nous _____ si le sens ne _____ pas mystérieux.
     (comprendre)              (rester)

## Prononciation

Les mots «maudits»: les voyelles nasales. Il y a une voyelle nasale dans un mot de chaque pair.

1. Jeanne / **Jean**     2. Rennes / **Reim**s     3. Cannes / **Caen**
4. **pain** / peine      5. **en**nui / une nuit    6. **bon** /bonne

# Je rêve de vers doux. . .

## Albert Samain

### *(1858–1900)*

| | |
|---|---|
| Je rêve de vers doux° et d'intimes ramages°, | sweet/warbling |
| De vers à frôler° l'âme ainsi que des plumages, | brush |
| | |
| De vers blonds où le sens fluide se délie° | loosens |
| Comme sous l'eau la chevelure d'Ophélie°, | Hamlet's beloved |
| | |
| De vers silencieux, et sans rythme et sans trame°, | texture |
| Où la rime sans bruit glisse comme une rame°, | oar |
| | |
| De vers d'une ancienne étoffe°, exténuée, | fabric |
| Impalpable° comme le son et la nuée°, | intangible / clouds |
| | |
| De vers de soir d'automne ensorcelant° les heures | bewitching |
| Au rite féminin des syllabes mineures. | |
| | |
| Je rêve de vers doux mourant comme des roses. | |

*Samain est né à Lille. Ses poèmes se distinguent par leur musicalité et leur souci de beauté plastique.*

## Questions

Répondez à chaque question par une phrase complète.

1. A quoi sont comparés les vers?
2. A quels sens (goût, odorat, ouïe, toucher, vue) font appel les diverses comparaisons du poème?
3. Montrez comment les vers vivent pour le poète.
4. Quels mots sont répétés? Quel en est l'effet?

# Vocabulaire

**La poésie**

| | | |
|---|---|---|
| l' | **art** *(m)* | art |
| l' | **auteur** *(m)* | author |
| l' | **image** *(f)* | image |
| la | **littérature** | literature |
| l' | **œuvre** *(f)* | work (of art) |
| le | **poème** | poem |
| la | **poésie** | poetry |
| le | **poète** | poet |
| la | **rime** | rhyme |
| le | **rythme** | rhythm |
| la | **strophe** | stanza |
| la | **syllabe** | syllable |
| le | **vers*** | line (of poetry) |
| les | **vers** *(m)* | verse, poetry |
| la | **voyelle** | vowel |
| | **chanter** | to sing |
| | **composer** | to compose |
| | **évoquer** | to evoke |
| | **inspirer** | to inspire |
| | **réciter** | to recite |
| | **suggérer** | to suggest |
| | **lyrique** | lyrical |
| | **précieux, précieuse** | affected, artificial |

# Exercices

A. Faites des phrases à l'aide des mots suivants.

1. idée / inspirer / poète
2. écrivain / image / nature
3. rime / musicale / belle
4. je / préférer / poèmes
5. nombre / syllabes / vers
6. poème / précieux / penser

B.  Remplacez les mots en italique par le participe présent.

*Exemple:* Je rêve de vers *qui meurent.*      *mourant*

1.  *qui riment* sans bruit
2.  *qui frôlent* l'air
3.  *qui ressemblent* à l'étouffe
4.  *qui glissent* comme une rame
5.  *qui ensorcèlent* les heures

## Prononciation

Prononcez chaque mot suivant en faisant attention au son [j] comme dans le mot anglais *yes.*

1.  yeux                  2.  fille                  3.  soleil
4.  ciel                  5.  pied                  6.  action

# Appendice

# Rondeau

## Charles d'Orléans
*(1394–1465)*

Le temps a laissé son manteau
De vent, de froidure° et de pluie,          chilliness
Et s'est vêtu° de broderie,             dressed
De soleil luisant°, clair et beau.        shining

Il n'y a bête, ni oiseau,
Qu'en son jargon ne chante ou crie:
Le temps a laissé son manteau!

Rivière, fontaine et ruisseau°            stream
Portent, en livrée° jolie,             livery
Gouttes° d'argent d'orfèvrerie°,     drops/gold
Chacun s'habille de nouveau:
Le temps a laissé son manteau.

# De Soi-même

## Clément Marot

### *(1496–1544)*

Plus° ne suis ce que j'ai été,         no longer
Et ne le saurais° jamais être.       could not
Mon beau printemps et mon été
Ont fait le saut par la fenêtre.

Amour, tu as été mon maître,
Je t'ai servi sur tous les Dieux.
Ah si je pouvais deux fois naître°,    be born
Comme je te servirais mieux!

# Mignonne, allons voir. . .

## Pierre de Ronsard

*(1524–1585)*

| | |
|---|---|
| Mignonne°, allons voir si la rose | sweetheart |
| Qui ce matin avait déclose° | opened |
| Sa robe de pourpre au Soleil, | |
| A point perdu cette vêprée° | evening |
| Les plis de sa robe pourprée, | |
| Et son teint° au vôtre pareil. | color |
| | |
| Las! Voyez comme en peu d'espace, | |
| Mignonne, elle a dessus la place, | |
| Las! las! ses beautés laissé choir°! | fall |
| O vraiment marâtre° Nature, | stepmother |
| Puisqu'une telle fleur ne dure | |
| Que du matin jusques au soir! | |
| | |
| Donc, si vous me croyez, mignonne, | |
| Tandis que votre âge fleuronne° | blooms |
| En sa plus verte nouveauté, | |
| Cueillez, cueillez° votre jeunesse: | gather |
| Comme à cette fleur la vieillesse° | old age |
| Fera ternir° votre beauté. | tarnish |

# Sur l'amour et l'amitié

## Charleval
*(1613–1693)*

Amour, démon sans égal,
Ton pouvoir dompte° le nôtre.       masters
Je ne te dis bien ni mal,
Tu m'as fait et l'un et l'autre.

Eh! Pourquoi t'égares°-tu?       go astray
L'amitié, qui te ressemble,
Joint les beaux noms de vertu
Et de passion ensemble.

Amitié, tout est charmant
Sous ton équitable empire.
On te trouve rarement;
C'est ce que j'y trouve à redire.

# La Cigale et la Fourmi

## Jean de la Fontaine
*(1621–1695)*

La Cigale°, ayant° chanté        cricket/having
 Tout l'été,
Se trouva fort dépourvue°        in want
Quand la bise° fut venue:        wind
Pas un seul petit morceau
De mouche ou de vermisseau.
Elle alla crier famine
Chez la Fourmi° sa voisine,        ant
La priant de lui prêter°        lend
Quelque grain pour subsister
Jusqu'à la saison nouvelle.

Je vous paierai, lui dit-elle,
Avant l'août°, foi° d'animal,        August/honor
Intérêt et principal.
La Fourmi n'est pas prêteuse°:        lender
C'est là son moindre° défaut.        least
Que faisiez-vous au temps chaud?
Dit-elle à cette emprunteuse°.        borrower
—Nuit et jour à tout venant
Je chantais, ne vous déplaise°.        displease
—Vous chantiez? j'en suis fort aise°:        delighted
Eh bien! dansez maintenant.

# Demain dès l'aube

## Victor Hugo
*(1802–1885)*

Demain, dès l'aube°, à l'heure où blanchit°         dawn/whitens
   la campagne,
Je partirai. Vois-tu, je sais que tu m'attends.
J'irai par la forêt, j'irai par la montagne.
Je ne puis demeurer loin de toi plus longtemps.

Je marcherai les yeux fixés sur mes pensées,
Sans rien voir au dehors, sans entendre aucun bruit,
Seul, inconnu, le dos courbé°, les mains croisées°,     bent/folded
Triste, et le jour pour moi sera comme la nuit.

Je ne regarderai ni l'or° du soir qui tombe,        sunset *(here)*
Ni les voiles° au loin descendant vers Harfleur°,   sails/port in
Et, quand j'arriverai, je mettrai sur ta tombe       Normandy
Un bouquet de houx° vert et de bruyère° en fleur.   holly/heather

# L'Etranger

## Charles Baudelaire

### *(1821–1869)*

Qui aimes-tu le mieux, homme énigmatique, dis?
    ton père, ta mère, ta sœur ou ton frère?
—Je n'ai ni père, ni mère, ni sœur, ni frère.
—Tes amis?
—Vous vous servez là d'une parole dont le sens°      whose meaning
    m'est resté jusqu'à ce jour inconnu°.      unknown
—Ta patrie?
—J'ignore° sous quelle latitude elle est située.      do not know
—La beauté?
—Je l'aimerais volontiers, déesse° et immortelle.      goddess
—L'or°?      gold
—Je le hais° comme vous haïssez Dieu.      hate
—Eh! qu'aimes-tu donc, extraordinaire étranger?
—J'aime les nuages. . . les nuages qui passent. . .
    là-bas. . . là-bas. . . les merveilleux nuages!

# Les Papillons

**_Pantoum°_**                                    form of Malaysian poem

## Théophile Gautier
### _(1811–1872)_

Les papillons° couleur de neige          butterflies
Volent par essaims° sur la mer;          swarms
Beaux papillons blancs, quand pourrai-je
Prendre le bleu chemin de l'air?

Savez-vous, ô belle des belles,
Ma bayadère° aux yeux de jais°,          Indian dancing girl/jet black
S'ils me pouvaient prêter leurs ailes°,  wings
Dites, savez-vous où j'irais?

Sans prendre un seul baiser° aux roses   kiss
A travers vallons° et forêts,            valleys
J'irais à vos lèvres° mi-closes,         lips
Fleur de mon âme, et j'y mourrais°.      would die

# Mon Rêve familier

## Paul Verlaine
*(1844–1896)*

Je fais souvent ce rêve étrange et pénétrant
D'une femme inconnue°, et que j'aime, et qui                    unknown
   m'aime,
Et qui n'est, chaque fois, ni tout à fait la même
Ni tout à fait une autre, et m'aime et me comprend.

Car elle me comprend, et mon cœur, transparent
Pour elle seule, hélas! cesse° d'être un problème              ceases
Pour elle seule, et les moiteurs° de mon front                 dampness
   blême°,                                       pale
Elle seule les sait rafraîchir°, en pleurant.                  soothes

Est-elle brune, blonde ou rousse? —Je l'ignore°.              do not know
Son nom? Je me souviens qu'il est doux° et sonore              soft
Comme ceux des aimés que la Vie exila.

Son regard est pareil au regard des statues,
Et pour sa voix lointaine, et calme, et grave, elle a
L'inflexion des voix chères qui se sont tues°.                 have become
                      silent

# Sensation

## Arthur Rimbaud
### *(1854–1891)*

Par les soirs bleus d'été, j'irai dans les sentiers°,    paths
Picoté° par les blés, fouler° l'herbe menue°:    pricked/trampling/fine
Rêveur, j'en sentirai la fraîcheur à mes pieds.
Je laisserai le vent baigner ma tête nue°.    bare

Je ne parlerai pas, je ne penserai rien:
Mais l'amour infini me montera dans l'âme°,    soul
Et j'irai loin, bien loin, comme un bohémien°,    gypsy
Par la Nature,—heureux comme avec une
    femme.[†]

[†] Rimbaud a écrit ce poème en 1870, à l'âge de seize ans.

# Les Heures

## David Diop
*(1927–1961)*

Il y a des heures pour rêver
Dans l'apaisement des nuits au creux° du silence      hollow
Il y a des heures pour douter
Et le lourd voile des mots se déchire° en sanglots      is torn
Il y a des heures pour souffrir
Le long des chemins de guerre dans le regard
   des mères
Il y a des heures pour aimer
Dans les cases° de lumière où chante la chair° unique      squares/flesh
Il y a ce qui colore les jours à venir
Comme le soleil colore la chair des plantes
Et dans le délire des heures
Dans l'impatience des heures
Le germe toujours plus fécond
Des heures d'où naîtra l'équilibre.

*Coups de Pilon*, Présence Africaine.

# Gens du Pays

## Gilles Vigneault

*(né en 1928)*

Le temps que l'on prend pour dire: Je t'aime
C'est le seul qui reste au bout° de nos jours      end
Les vœux° que l'on fait les fleurs que l'on sème°      vows/sows
Chacun les récolte° en soi-même      harvest
Aux beaux jardins du temps qui court

Gens du Pays c'est votre tour
De vous laisser parler d'amour     (bis)

Le temps de s'aimer, le jour de le dire
Fond° comme la neige aux doigts du printemps      melts
Fêtons° de nos joies, fêtons de nos rires      let us celebrate
Ces yeux où nos regards se mirent
C'est demain que j'avais vingt ans

Gens du Pays c'est votre tour
De vous laisser parler d'amour     (bis)

Le ruisseau des jours aujourd'hui s'arrête
Et forme un étang où chacun peut voir
Comme en un miroir l'amour qu'il reflète
Pour ces cœurs à qui je souhaite
Le temps de vivre leurs espoirs

Gens du Pays c'est votre tour
De vous laisser parler d'amour     (bis)

# La Neige chaude

## Marie Savard

*(née en 1936)*

Quand nous roulerons
nos têtes dans la neige chaude
nos yeux ne seront plus
que des cristaux de nuit

et nos cheveux mouillés°                    damp
feront des étincelles°                        sparks

tu verseras sur ma bouche
tout le miel° des étoiles                    honey

Et nous irons muets
mourir au creux° des dunes                  hollow
près du fleuve cassé
en crêtes de cristal

et nous ne ferons plus
qu'une fleur d'eau gelée°                    frozen

Ah. . . que° je t'aimerai                     how much
nos têtes dans la neige chaude

# Alphabet Phonétique

Les symboles phonétiques de l'alphabet international phonétique sont souvent écrits entre [ ], par exemple, **eu**: [y], **eux**: [ø].

1. Voyelles
   [i] **i**ci, **Y**ves
   [e] ét**é**, donn**er**
   [ɛ] **e**st, s**ei**ze
   [a] **a**mi, t**o**i
   [ɑ] **â**me, p**â**te
   [ɔ] **o**r, s**o**nner
   [o] **o**se, b**eau**
   [u] **ou**, t**ou**t
   [y] **u**ne, t**u**
   [ø] **eu**x, p**eu**
   [œ] **œu**f, j**eu**ne
   [ə] c**e**, pr**e**mier

2. Voyelles nasales
   [ɛ̃] v**in**, p**ain**
   [ã] b**an**c, t**em**ps
   [õ] b**on**, sal**on**
   [œ̃] **un**, l**un**di

3. Semi-consonnes
   [j] **hi**er, **y**eux
   [ɥ] n**ui**t, s**ui**s
   [w] **ou**i, Lo**u**is

4. Consonnes
   [p] **p**aix, o**p**éra
   [t] **t**hé, vi**t**e
   [k] **k**ilo, **qu**i, **c**orps
   [b] **b**as, de**b**out
   [d] **d**es, i**d**ée
   [g] **g**auche, ba**gu**e
   [f] **f**eu, **ph**rase
   [v] **v**ais, rê**v**e
   [s] **s**ens, fau**ss**e, na**t**ion

[z] zéro, raison
[ʃ] chat, mouche
[ʒ] jambe, nager
[l] long, elle
[r] rire, air
[m] mars, aime
[n] nœud, panne
[ɲ] ignore, oignon
[ŋ] parking

# Glossaire

The glossary contains all of the words from the vocabulary lists throughout the book. It does not include most glosses. Each definition applies to the word in the context in which it appears in this book. False cognates are indicated by an asterisk.

## A

**aboyer**   to bark
**accuser**   to accuse
**acheter**   to buy
*__achever__   to complete
**acteur** (*m*), **actrice** (*f*)   actor, actress
*__actuel, actuelle__   current, present
*__actuellement__   at present, now
**adolescence** (*f*)   adolescence
**âge** (*m*)   age; **troisième âge**   senior citizen; **entre deux âges**   middle-aged
**âgé**   old, aged
**s'agir de**   to be about
**aider**   to assist
**aigre**   sour
**aimer**   to love
**aîné**   older, eldest
**alcool** (*m*)   alcohol
**alimentation** (*f*)   food
**amitié** (*f*)   friendship
*__s'amuser__   to enjoy oneself
**an** (*m*)   year
**année** (*f*)   year
**anorak** (*m*)   parka
**Antilles** (*f*)   islands in the Caribbean, including francophone Martinique and Guadeloupe
**apéritif** (*m*)   aperitif
**appartement** (*m*)   apartment
**apprendre**   to learn; **apprendre par cœur**   to memorize
**argent** (*m*)   money
**argot** (*m*)   slang
**arrêter**   to stop
**art** (*m*)   art
**assister**   to help
*__assister à__   to attend

*attendre to wait
aujourd'hui today
aussi... que as...as
autant as much
auteur (m) author
avaler to swallow
avancer to move forward
avenir (m) future
avis (m) opinion
avoir to have

## B

bâiller to yawn
banque (f) bank
beaucoup much
benjamin, benjamine youngest
beurre (m) butter
bibliothèque (f) library
bicyclette (f) bicycle
bien well
bière (f) beer
blanc, blanche white
blessure (f) injury
bleu blue
boire to drink
boisson (f) beverage
bonheur (m) happiness
bouche (f) mouth
bras (m) arm
briller to shine
bruit (m) noise
brumeux, brumeuse foggy
brun, brune brown

## C

*cadet, cadette younger
café (m) coffee
caisse (f) cash register
car (m) bus
caractère (m) character
carte (f) de crédit credit card

centimètre (m) centimeter

chambre room, chambre à coucher bedroom

*chance (f) luck

chandail (m) sweater

chanson (f) song

chanter to sing

chapeau (m) hat

chaud hot

chaussette (f) sock

chaussure (m) shoe

chef-d'œuvre (m) masterpiece

chemise (f) shirt, blouse

cher, chère expensive

cidre (m) cider

ciel (m) sky

circulation (f) traffic

clair light

client (m) customer

cœur (m) heart

*collège (m) middle school

comparer to compare

compatissant sympathetic

complet (m) suit

composer to compose

comprendre to understand

compter to count

conduire to drive

conférence (f) lecture

confiance (f) confidence, trust

conseil (m) advice

consommer to consume

construire to build

contagieux, contagieuse contagious

content glad

convenable appropriate, proper

corps (m) body, figure

cou (m) neck

coudre to sew

couleur (f) color

coupable guilty

cours (m) course

cousin (m), cousine (f) cousin

**coûter**  to cost
**couvert**  cloudy
**cru**  raw
**cuire**  to cook
**cuisine** (f)  kitchen, food
**cuit**  cooked

## D

**D.A.B. (distributeur [m] automatique de billets)**  A.T.M. (automatic teller machine)
**danser**  to dance
**décrire**  to describe
**déjeuner**  to have lunch, to lunch
**délicieux, délicieuse**  delicious
**demain**  tomorrow
**démarrer**  to start
**déménager**  to move out
**se dépêcher**  to hurry
**dépenser**  to spend
**déprimé**  depressed
**désert** (m)  desert
**détester**  to detest, to hate
**devoir**  to ought, to must, to have to
**devoir** (m)  duty; **devoirs** (m pl)  homework
**dîner**  to have dinner, to dine
**dire**  to say
**discret, discrète**  discreet
**doigt** (m)  finger
**D.O.M/T.O.M. (départements d'outre-mer/territoires d'outre-mer)** (m)  French overseas departments/French overseas territories
**dos** (m)  back
**dormir**  to sleep
**\*douche** (f)  shower
**douleur** (f)  pain, sadness
**doux, douce**  sweet, soft
**droit** (m)  right (entitlement)
**droite** (f)  right (hand, side)
**durer**  to last

## E

**eau** (f)  water
**échouer**  to fail

**école** *(f)*   school
**écouter**   to listen
**écrire**   to write
*****égoïste**   selfish
**élève** *(m, f)*   pupil
**élever**   to raise; **élever des enfants**   to raise children; **bien élevé**   well
        brought up
**employer**   to use
**emprunter**   to borrow
**enfance** *(f)*   childhood
**engagé**   committed
**enlever**   to take off
**ennui** *(m)*   boredom
**ennuyeux, ennuyeuse**   boring
**enseigner**   to teach
**entendre**   to hear
**épargner**   to save
**épaule** *(f)*   shoulder
**épeler**   to spell
**épouser**   to marry
**espérer**   to hope
**espoir** *(m)*   hope
**esprit** *(m)*   mind
**est** *(m)*   east
**étage** *(m)*   story, floor
**éternuer**   to sneeze
**étranger, étrangère**   foreign
**être**   to be
**être** *(m)* **humain**   human being
**étudiant** *(m)*   student
**euro** *(m)*   name of European currency
**évoquer**   to evoke
**examen** *(m)*   examination
**exprimer**   to express

**F**

**faim** *(f)*   hunger; **avoir faim**   to be hungry
**faire**   to do, to make
**famille** *(f)*   family
**farine** *(f)*   flour
**fatigué**   tired
**fauché** *(fam)*   broke

**femme** *(f)*   wife, woman
**feu rouge** *(m)*   stop light
**fiancé**   engaged
**fièvre** *(f)*   fever
***figure** *(f)*   face
**figuré**   figurative
**fille** *(f)*   daughter, girl; **petite-fille**   granddaughter
**fils** *(m)*   son; **petit-fils**   grandson
**fleuve** *(m)*   *river*
**foncé**   dark
**forme** *(f):* **être en bonne/mauvaise forme**   to be in good/bad shape
**fort**   loud
**frais, fraîche**   fresh; cool
**frapper**   to strike
**frère** *(m)*   brother
**froid**   cold
**fromage** *(m)*   cheese
**fruit** *(m)*   fruit; **fruits de mer**   seafood

**G**

**gai**   cheerful
**gâteau** *(m)*   cake
**gâter**   to spoil
**gauche**   left
**gel** *(m)*   frost
**geler**   to freeze
**généreux, généreuse**   generous
**genou** *(m)*, **genoux** *(pl)*   knee
**gentil, gentille**   nice
**gorge** *(f)*   throat; **avoir mal à la gorge**   to have a sore throat
**goût** *(m)*   taste
**goûter**   to taste
**goûter** *(m)*   snack
**grandir**   to grow up
**grand-mère** *(f)*   grandmother
**grand-père** *(m)*   grandfather
**gris, grise**   gray
**grossir**   to gain weight
**guérir**   to cure
**guerre** *(f)*   war

# H

**s'habiller**   to get dressed
**habiter**   to inhabit, to dwell, to live in
**haïr**   to hate
**harmonieux, harmonieuse**   harmonious
**hasard** *(m)*   chance
**heure** *(f)*   hour, time
**heureux, heureuse**   happy
**hier**   yesterday; **hier soir**   last night
**honnête**   honest
***humeur** *(f)*   mood
**hypocrisie** *(f)*   hypocrisy

# I

**idée** *(f)*   idea
***ignorer**   not to know
**île** *(f)*   island
**image** *(f)*   image
**imperméable** *(m)*   raincoat
***injure** *(f)*   insult
**innocent**   innocent
**s'inquiéter**   to worry
**inspirer**   to inspire
**s'installer**   to install, to settle in

# J

**jambe** *(f)*   leg
**jaune**   yellow
**jeune**   young
**jeûner**   to fast
**jeunesse** *(f)*   youth
**jouer**   to play; **jouer à un sport**   to play a sport; **jouer de la musique**   to
      play music
**jour** *(m)*   day
**journée** *(f)*   day
**juger**   to judge
**jupe** *(f)*   skirt
**jurer**   to swear, to take oath
**jus** *(m)*   juice
**juste**   fair

## K

**kilogramme** *(m)*  kilogram
**kilomètre** *(m)*  kilometer
**klaxonner**  to honk a car horn

## L

**lac** *(m)*  lake
**lâche**  cowardly
**lait** *(m)*  milk
**langue** *(f)*  tongue, language; **langue maternelle**  native language
*****lecture** *(f)*  reading
**légume** *(m)*  vegetable
**liberté** *(f)*  freedom
*****librairie** *(f)*  bookstore
**libre**  free
**lire**  to read; **lire à haute voix**  to read aloud
**littérature** *(f)*  literature
**loi** *(f)*  law
**louer**  to rent
**lune** *(f)*  moon
**lutter**  to fight, to struggle
**lycée** *(m)*  high school (about two years beyond U.S. school)
**lyrique**  lyrical

## M

**magasin** *(m)*  store
**Maghreb** *(m)*  North African countries: Morocco, Algeria, Tunisia
**maigrir**  to lose weight
**maillot** *(m)*  bathing suit
**main** *(f)*  hand
**maison** *(f)*  house
**maître** *(m)*, **maîtresse** *(f)*  teacher
**majuscule**  capital letter
**malade**  sick
**maladie** *(f)*  disease, sickness
**malheureux, malheureuse**  unhappy
**manger**  to eat
**manteau** *(m)*  coat
**marché** *(m)*  market; **bon marché**  inexpensive
**mari** *(m)*  husband
**se marier avec**  to marry

**matin** (*m*)  morning
**matinée** (*f*)  morning
**\*médecin** (*m*)  doctor
**même**  same, even
**ménage** (*m*)  household, couple; **faire le ménage**  to do housework
**mentir**  to lie
**mer** (*f*)  sea
**mère** (*f*)  mother
**mètre** (*m*)  meter
**mettre**  to put, to put on
**miauler**  to meow
**midi** (*m*)  noon
**Midi** (*m*)  southern France, including Provence
**mine** (*f*): **avoir bonne/mauvise mine**  to look well/unwell
**minuit** (*m*)  midnight
**moins**  less
**mois** (*m*)  month
**moitié** (*f*)  half
**\*monnaie** (*f*)  currency
**montagne** (*f*)  mountain
**mort** (*f*)  death
**mot** (*m*)  word; **mot juste**  exact, right word
**mourir (p.p. mort)**  to die
**mûr**  ripe
**murmurer**  to murmur
**musicien** (*m*), **musicienne** (*f*)  musician
**musique** (*f*)  music

## N

**naissance** (*f*)  birth
**naître (p.p. né)**  to be born
**neige** (*f*)  snow
**neiger**  to snow
**nettoyer**  to clean
**neveu** (*m*)  nephew
**nez** (*m*)  nose
**nièce** (*f*)  niece
**noir, noire**  black
**nombre** (*m*)  number
**nord** (*m*)  north
**\*note** (*f*)  grade

**nourriture** *(f)* food
**nuage** *(m)* cloud
**nuit** *(f)* night

## O

*****occasion** *(f)* chance
**occidental** western
*****occupé** busy
**océan** *(m)* ocean
**œil** *(m)*, **yeux** *(pl)* eye
**œuvre** *(f)* work (of art)
**oncle** *(m)* uncle
**onde** *(f)* wave
**oreille** *(f)* ear
**oriental** eastern
**orthographe** *(f)* spelling
**ouest** *(m)* west
**ouïe** *(f)* hearing

## P

**pain** *(m)* bread
**paix** *(f)* peace
**panne** *(f)* breakdown; **être en panne** to be out of order
**pantalon** *(m)* trousers, pants
*****parent** *(m)* relative, parent
**parler** to speak
**partager** to share
*****passer un examen** to take an examination
**passer le temps** to spend time
**patience** *(f)* patience
**payer** to pay
**pays** *(m)* country
**peindre** to paint
**peine** *(f)* punishment
**peintre** *(m)* painter
**pensée** *(f)* thought
**perdre** to lose; **perdre le temps** to waste, to lose time
**père** *(m)* father
**peser** to weigh
*****phrase** *(f)* sentence
**pièce** *(f)* room

**pied** (*m*)  foot
**placard** (*m*)  closet
**pleurer**  to cry
**pleuvoir**  to rain
**pluie** (*f*)  rain
**plus**  more
**poème** (*m*)  poem
**poésie** (*f*)  poetry
**poète** (*m*)  poet
**poids** (*m*)  weight
**point** (*m*)  period
**poisson** (*m*)  fish
**poitrine** (*f*)  chest
**poivre** (*m*)  *pepper*
**porter**  to wear
**posséder**  to own
**potable**  drinkable
**poumon** (*m*)  lung
**pouvoir**  to be able
*****précieux, précieuse**  affected, artificial
**se presser**  to hurry
*****prétendre**  to claim
**principal**  main
**prix** (*m*)  price
**procès** (*m*)  trial
**professeur** (*m*)  professor, teacher
*****promotion** (*f*)  class (school group)
*****propre**  clean, own
**propriétaire** (*m*)  owner
**protéger**  to protect

## Q

**quart** (*m*)  one-fourth
**quartier** (*m*)  neighborhood

## R

**raconter**  to tell
**raisonnable**  sensible
*****réaliser**  to achieve
**recevoir (p.p. reçu)**  to receive; **être reçu à un examen**  to pass an
     examination

**réciter** to recite
**reculer** to reverse, to back up
**réel, réelle** actual
**regarder** to look at
**relever** to point out
**remarquer** to notice, to observe
**se rendre compte** to realize
**rentrée** (f) return (to school)
**repas** (m) meal
**repos** rest, relaxation
**reposé** rested
**respecter** to respect
**respirer** to breathe
**rester** to remain; **rester debout** to stay up
**retentissant** resounding, booming
**rêve** (m) dream
***revenu** (m) income
**rêver** to dream
**rez-de-chaussée** (m) ground floor
**rhume** (m) cold
**rime** (f) rhyme
**rire** to laugh
**robe** (f) dress
**ronronner** to snore
**rouge** red
**roux, rousse** red-haired
**rythme** (m) rhythm

## S

**sain, saine** healthy
**salle** (f) room; **salle de bains** bathroom (for bathing)
**salon** (m) living room
**sang** (m) blood
**santé** (f) health
**sel** (m) salt
**semaine** (f) week
**semblant: faire semblant** to pretend
**sens** (m) sense (of touch), meaning; **sens propre** literal meaning
***sensible** sensitive
**sentiment** (m) feeling
**sentir** to feel
**siècle** (m) century

**siffler**   to whistle

**silence** *(m)*   silence

**sœur** *(f)*   sister

**soif** *(f)*   thirst; **avoir soif**   to be thirsty

**soigner**   to take care of

**soir** *(m)*   evening

**soirée** *(f)*   evening, party

**soleil** *(m)*   sun

**son** *(m)*   sound

**sonate** *(f)*   sonata

**sonner**   to ring, to strike (the hour)

**sonore**   ringing, resonant

**souci** *(m)*   worry

**sourd**   deaf, muted sound

**soutenir**   to support

**\*souvenir** *(m)*   memory, souvenir

**souvent**   often

**strophe** *(f)*   stanza

**sucre** *(m)*   sugar

**sud** *(m)*   south

**suggérer**   to suggest

**\*supporter**   to bear, to tolerate

**surdité** *(f)*   deafness

**syllabe** *(f)*   syllable

**symbole** *(m)*   symbol

**\*sympathique**   likeable, attractive


## T

**tableau** *(m)*   painting

**se taire**   to be silent

**talon** *(m)*   heel

**tante** *(f)*   aunt

**tard**   late

**tellement**   so, so much

**température** *(f)*   temperature

**temps** *(m)*   time; **de temps en temps**   once in a while

**tenir**   to hold; **ne tenir aucune compte de**   to ignore

**terre** *(f)*   earth, land

**tête** *(f)*   head; **avoir mal à la tête**   to have a headache

**thé** *(m)*   tea

**tiède**   warm

**tiers** *(m)*   one-third

**tisane** (f)   herb tea
**titre** (m)   title
**toilette** (f): *faire sa toilette   to get washed
**toilettes** (f pl)   toilet, bathroom
**ton** (m)   tone
**tonalité** (f)   tone, beep
**tôt**   early
**toucher**   to touch
**toucher** (m)   touch
**tousser**   to cough
**traduire**   to translate
**triste**   sad
**se trouver**   to be, to be located

## U

*unique   only
**université** (f)   college

## V

**valoir**   to be worth
**vendeur** (m), **vendeuse** (f)   salesman, saleswoman
**vendre**   to sell
**vent** (m)   wind
**ventre** (m)   stomach
**vérité** (f)   truth
*vers (m)   line (of poetry)
*vers (m pl)   verse, poetry
**vert**   green
**veste** (f)   jacket
**vêtements** (m pl)   clothing
**viande** (f)   meat
**vie** (f)   life
**vieillesse** (f)   old age
**vieillir**   to grow old, to age
**vieux, vieil, vieille**   old
**vif, vive**   bright
**vin** (m)   wine
**virgule** (f)   comma
**vivre (p.p. vécu)**   to live
**voir**   to see
**voisin** (m)   neighbor

**voiture** (f)  car, automobile
**voix** (f)  voice
**voler**  to fly
**volonté** (f)  will
**vouloir**  to want, to wish; **vouloir dire**  to mean
**voyage** (m)  trip
**voyager**  to travel
**voyelle** (f)  vowel

## W

**W.-C.** (m pl)  toilet (water closet)

# Index d'auteurs